L'HOMME SANS TETE

L'HOMME SANS TETE

La Vie et les Idées de Douglas Harding
Philosophe, Scientifique, Artiste, Mystique

Texte
Richard Lang

Dessins
Victor Lunn-Rockliffe

Traduction
Catherine Harding

THE SHOLLOND TRUST

L'HOMME SANS TETE
Publié en 2018 par The Shollond Trust
UK Charity N° 1059551

© Richard Lang et Victor Lunn-Rockliffe, 2018

Traduction: Catherine Harding

Design de la couverture: rangsgraphics.com

The Shollond Trust, 87B Cazenove Road, London N16 6BB.
www.headless.org

ISBN: 978-1-908774-44-6

Le plus beau jour de ma vie
– ma renaissance, pour ainsi dire –
fut celui où je découvris que je n'avais pas de tête.

Douglas Harding

que suis-je?

  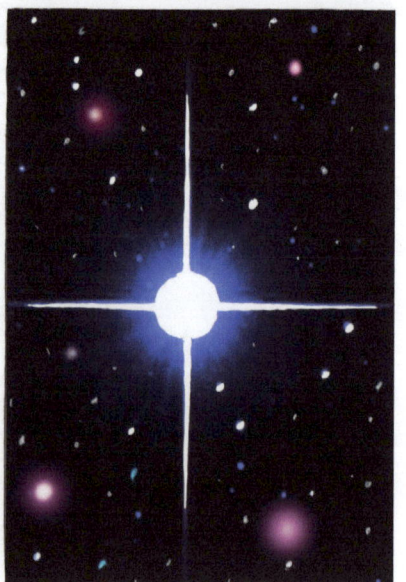

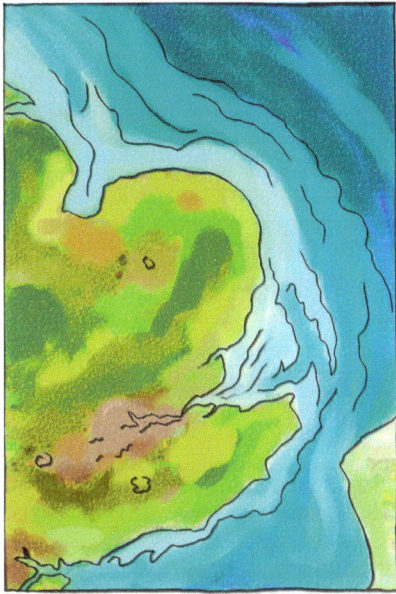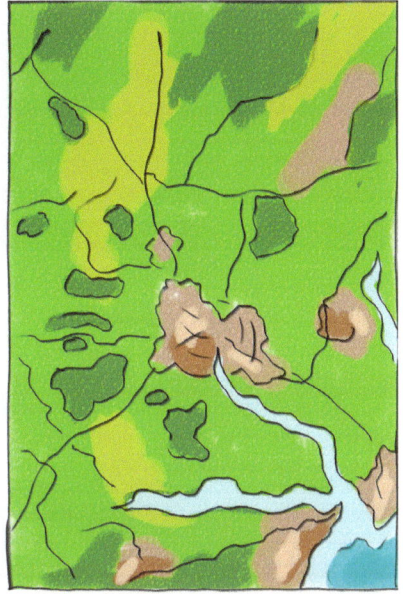
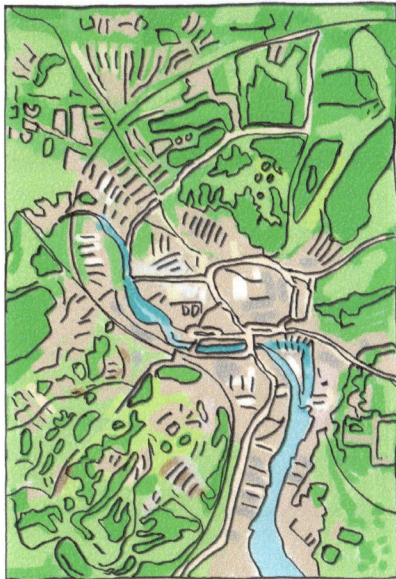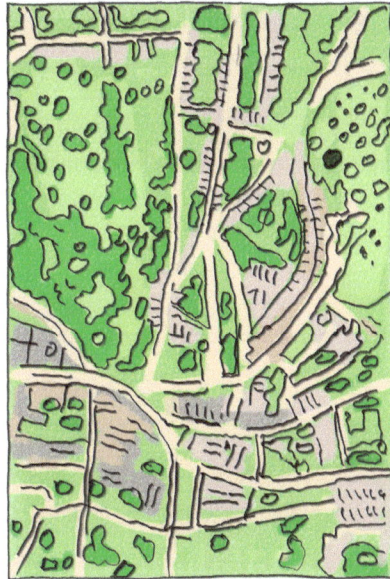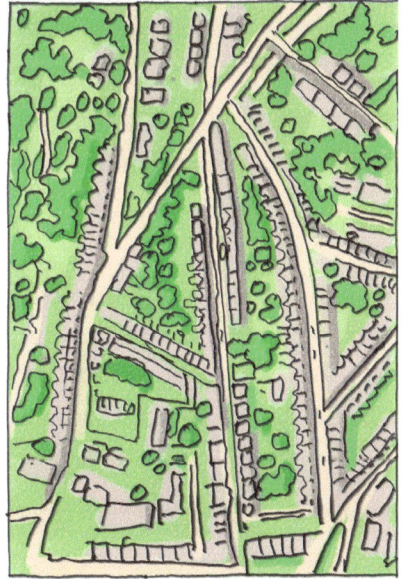

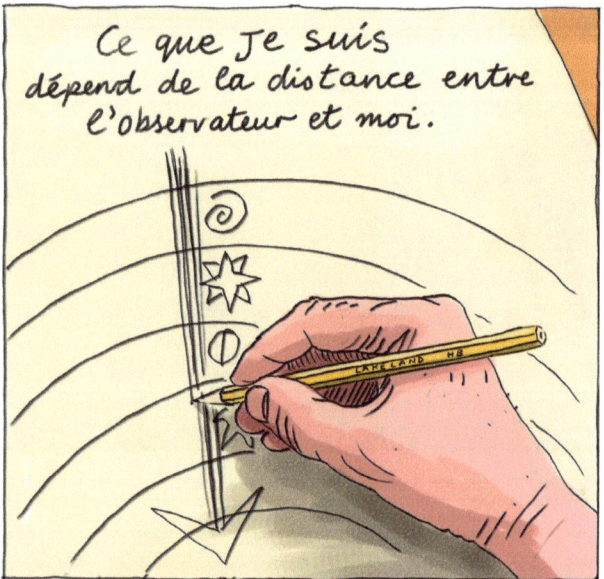

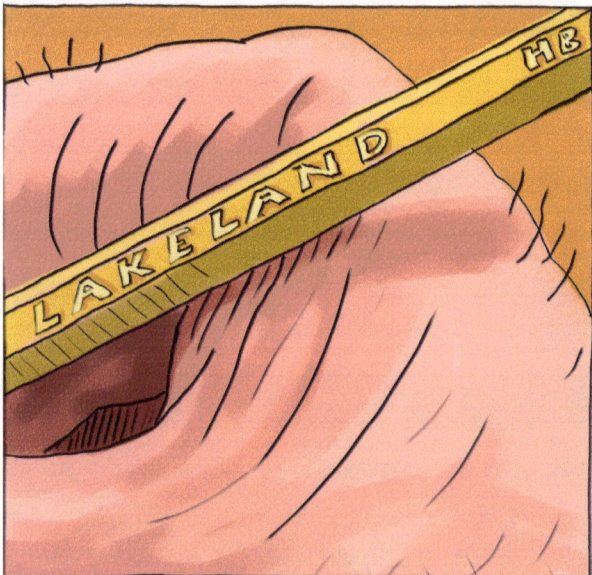

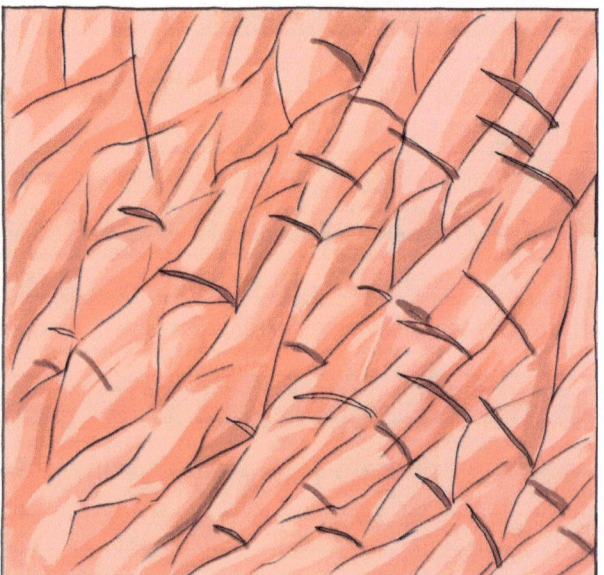

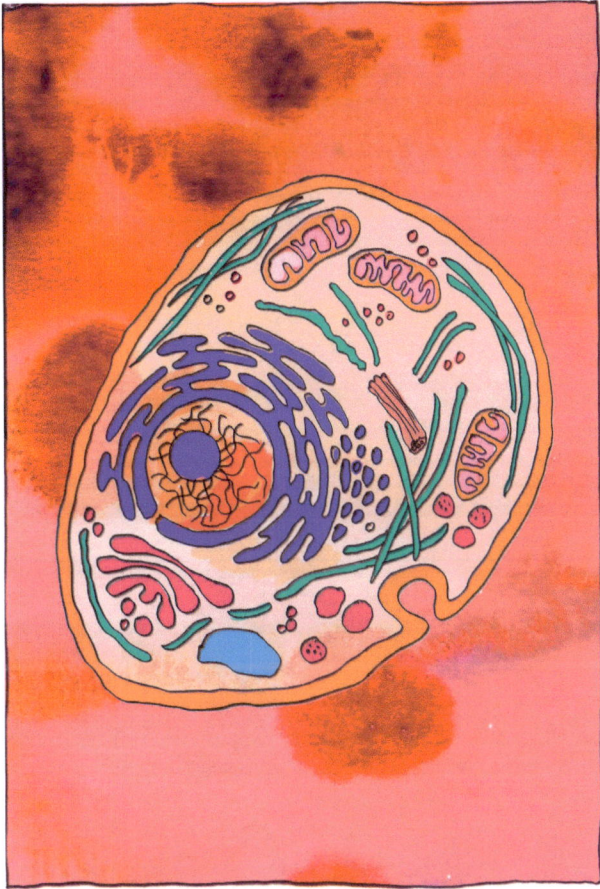
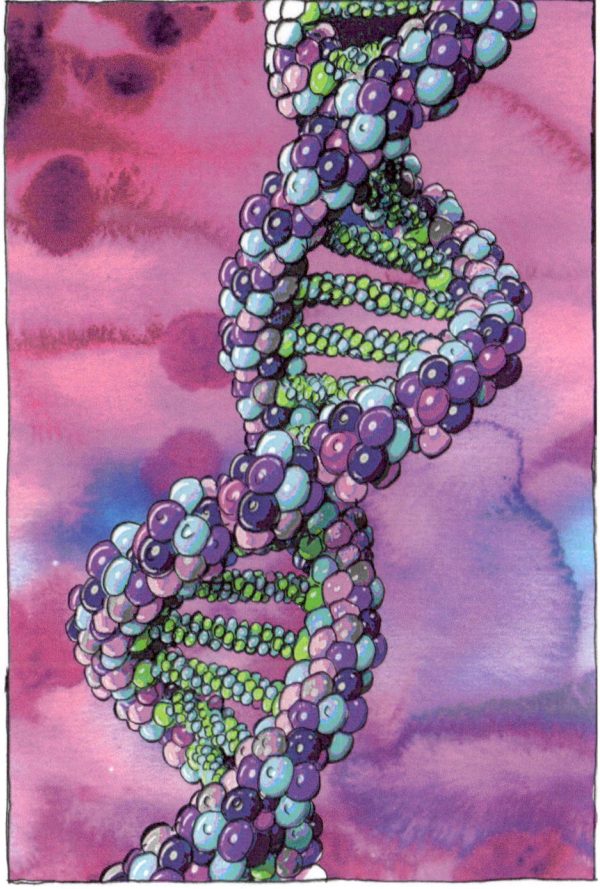

11

Magdalen College, Oxford, 1951.

C. S. Lewis écrivit l'*Introduction* à *La Hiérarchie du Ciel & de la Terre*.

Je n'ai pas été aussi enivré par un livre depuis des années.

THE HIERARCHY OF HEAVEN AND EARTH — A NEW DIAGRAM OF MAN IN THE UNIVERSE — DOUGLAS HARDING

THE LION, THE WITCH AND THE WARDROBE

PERELANDRA

« Ce n'est pas une formule littéraire, un mot d'esprit pour susciter l'intérêt à tout prix. Je le dis en toute sincérité : je n'ai pas de tête ».

Qu'est-ce qui a amené Douglas Harding à faire cette déclaration surprenante? Que voulait-il dire?

Quelle était cette nouvelle carte géographique montrant notre place dans l'univers – sa « Hiérarchie du Ciel et de la Terre »?

Comment Harding a-t-il finalement partagé sa Vision avec des milliers de gens?

Douglas Harding est né le 12 février 1909, à Lowestoft, Suffolk, sur la côte est de l'Angleterre face à la mer du nord.

LA MER DU NORD
LOWESTOFT
CAMBRIDGE
IPSWICH
LONDON
HAARLEM
THE HAGUE

Lowestoft est la ville la plus orientale d'Angleterre.

C'était une ville très victorienne dont on ne savait si elle vivait de la pêche ou du tourisme.

15

Les parents de Douglas s'appelaient Edgar et Annie. Ils avaient un magasin de fruits et légumes sur la Grand Rue.

Tu commandes toujours de trop, Edgar.

Je ne sais pas dire 'Non', Annie.

Douglas est né à la maison, au-dessus du magasin.

Douglas était l'aîné de trois enfants. Sa sœur s'appelait Freda, son frère, Geoffrey.

Douglas entre en transe au parfum du mimosa – exactement comme toi.

Douglas est le préféré de père.

Les parents de Douglas étaient membres des Frères Exclusifs de Plymouth, une secte intégriste qui se croyaient Les Elus.
La famille récitait les prières deux fois par jour.

Et leur frontière était vers Jezreel et Chesull… Chesulloth et Shunem. Et Haph… Haphar…im, et Sh…iou…

L'amitié avec le monde est inimitié avec Dieu

JOHN DARBY

Père ne sait pas prononcer les mots!

Douglas, tais-toi! Dieu te demandera des comptes pour chaque parole futile.

Edgar lisait la bible toute entière du début à la fin – un chapitre par jour.

19

En 1916 les cuirassés allemands bombardèrent Lowestoft.

Non merci. Nous allons rester chez nous et prier.

THE·COSY·CORNER

YOU

Mr. Harding, emmenez votre famille à l'abri dans la cave du cinéma.

Venez tous, nous allons nous mettre entre les mains du Seigneur.

Douglas avait 7 ans.

Regardez, les cuirassés allemands! Et un Zeppelin!
Mr. Harding, j'ai peur.
Père aurait préféré être jeté aux lions que douter du Seigneur.
Il y eut des maisons détruites dans la ville.
C'est fini maintenant. Nous sommes sains et saufs. Le Seigneur nous a protégés.
Douglas rejetait les croyances étroites de son père, mais fut profondément impressionné par sa foi.

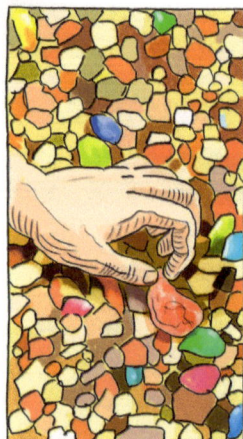

Douglas quitta l'école à l'âge de 16 ans. Il était très doué en dessin, donc son père le fit accepter come apprenti chez un architecte de Great Yarmouth, à dix kilomètres plus haut sur la côte. Il y allait tous les jours en train.

LOWESTOFT

Douglas réalisa qu'il n'apprenait pas grand chose. Pour préparer les examens d'architecture, il commença à réviser en secret pendant les réunions des Frères.

Le Parthénon était un temple dorique avec des influences ioniques.

C'est un vrai saint!

Douglas se présenta aux examens de l'Institut Royal de l'Architecture Britannique.

Etonnant! Je suis sorti premier de l'Empire Britannique!

J'ai 19 ans et suis au University College, à Londres!

1928

Plus tard le père de Douglas accusa ce déménagement à Londres d'avoir détourné son fils du droit chemin…

25

A l'université, Douglas découvrit des idées nouvelles.

Que croyez-vous?

La religion est l'opium du peuple.

Nous sommes régis par des pulsions inconscientes.

MARX

FREUD

A 21 ans il quitta les Frères. Typiquement, il ne le fit pas en silence.

POURQUOI JE PARS

Il écrivit un essai de dix pages.

Il lut son essai à la réunion locale des Frères.

N'ayez plus rien à faire avec lui.

Je n'accepte pas que votre chemin vers Dieu soit le seul simplement parce que vous en décidez ainsi.

Ceci brisera le coeur de son pauvre père.

Comment ose-t-il nous défier!

Il est le pire cas que nous ayons jamais eu.

Edgar entendit parler de l'essai.

Je vais à Londres pour empêcher Douglas de commettre une grave faute.

Mon fils, je préférerais que tu aies commis un meurtre plutôt que quitter les Frères.

Tu brûleras en Enfer pour l'éternité!

Ma décision est prise.

Douglas fut expulsé de ses logements. Deux fois! La première propriétaire était une Soeur de Plymouth.

Désolée, les Frères m'interdisent de vous louer un chambre désormais.

Je comprends, Mme Fox. Ils pensent que je suis le diable.

Par hasard, la propriétaire suivante était aussi une Soeur de Plymouth!

Je suis plutôt satisfait de ma réputation!

Je viens de découvrir qui vous êtes. Vous êtes un allié du diable!

Les parents de Douglas coupèrent toutes relations. N'étant plus limité par les règles des Frères, Douglas se sentait désormais libre d'explorer la vie…

Voici le premier film que j'aie jamais vu.

A l'Ouest, Rien de Nouveau

Aussi impressionnant que ma première lecture de Dickens!

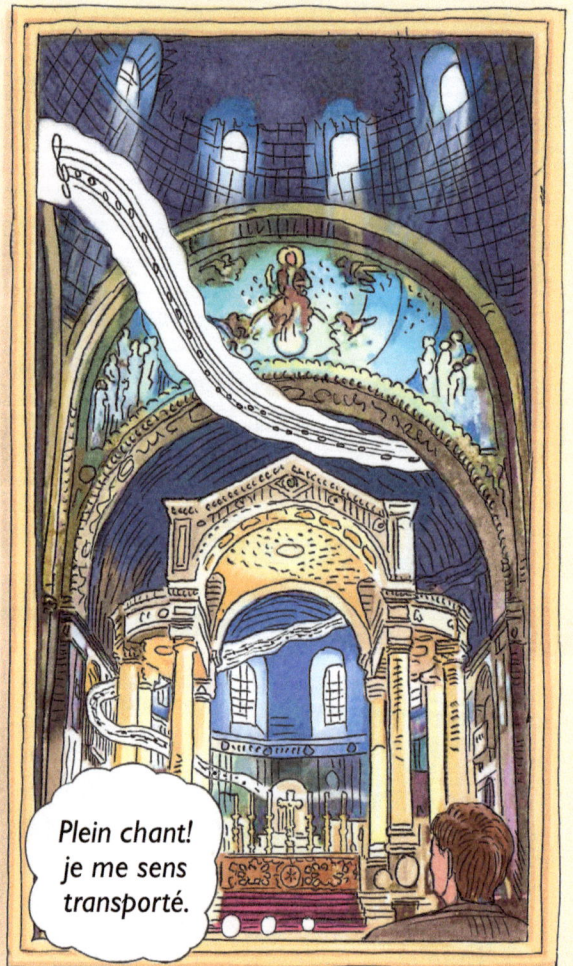

Plein chant! je me sens transporté.

La société doit changer!

Hé, vous, stop!

Hooligan communiste!

Une fois architecte diplômé, Douglas trouva un job dans la Cité.

Je vous paierai 3 livres par semaine.

D'accord, Mr. Low.

Mais l'intérêt principal de Douglas n'était pas l'architecture.

Qui est cette personne appelée Douglas?

Que suis-je?

Quel est le sens de la vie?

Pourquoi sommes-nous ici?

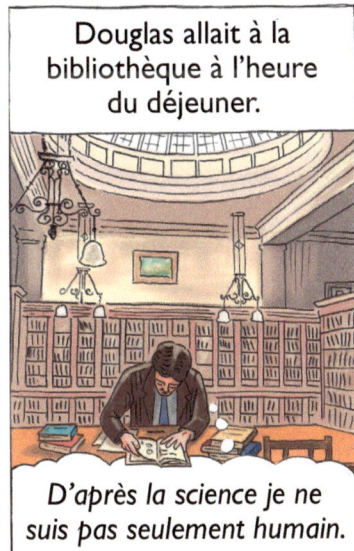

Douglas allait à la bibliothèque à l'heure du déjeuner.

D'après la science je ne suis pas seulement humain.

J'ai différentes apparences.

HUMAIN
CELLULES

Vu de tout près

je suis une société d'animaux primitifs.

CLUB DES CELLULES

Une ville de cellules ambulante.

Quelle est la relation entre moi et mes cellules?

Chaque cellule vit sa vie sans avoir conscience de moi. Pourtant toutes mes cellules ensemble sont moi. Je suis un roi qui est ses sujets!

Douglas s'étonnait de pouvoir descendre la rue sans tomber.

Mes cellules se parlent-elles?

Comment mes cellules font-elles cela?

Pourquoi travaillons-nous si dur?

Pour gagner notre vie, bien sûr.

Oui, peut-être y a-t-il une cellule Dieu – disons Jack – responsable de toute notre activité.

Où est cette 'cellule Dieu'? Je le croirai quand je la verrai.

Je comprends! Nous sommes ce Jack. Nos petits corps combinés sont son grand corps.

Cela résonne dangereusement mystique.

Quand je décide de bouger un doigt, des millions de cellules m'obéissent. Quelle organisation étonnante je suis!

En même temps Douglas réalisa que, vu de loin, un autre aspect de lui-même apparaissait.

Je disparais et suis remplacé par une nouvelle sorte de créature

faite de briques, de béton, de métal, de verre...

A ce niveau je fonctionne d'une autre manière.

Mon corps est comme une cellule dans ce corps plus grand, ce super-organisme, cette Créature Terre.

CHARBON

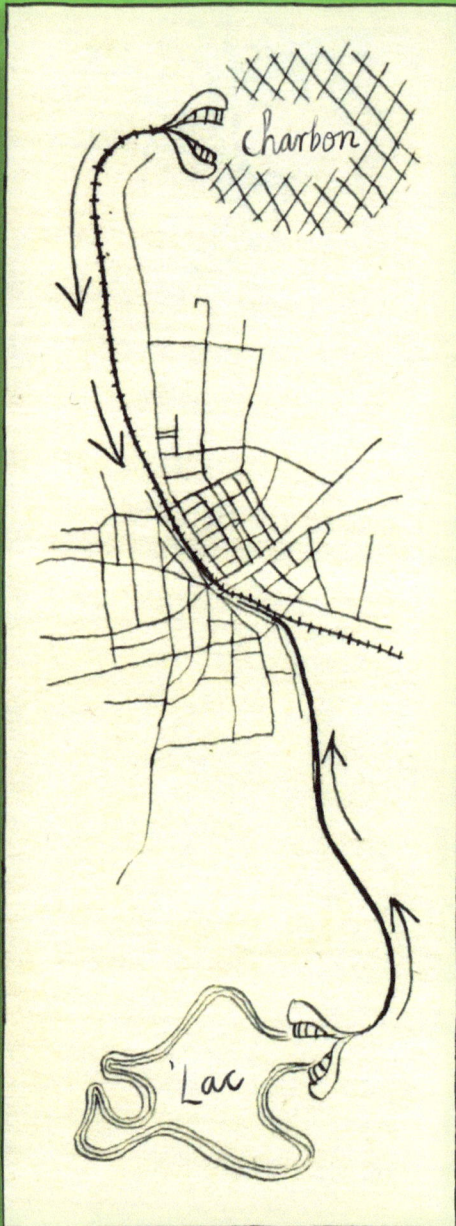

Quelle est ma relation avec cette Créature?

Créature?

Je suis conscient d'elle. Est-elle consciente de moi?

Cette créature n'existe pas, Douglas!

Je fais des découvertes sur moi, mais je réalise que je ne sais presque rien. Je suis un mystère.

Douglas avait maintenant un nouveau projet enthousiasmant: dessiner un plan moderne de sa place dans l'univers.

En 1933 Douglas retourna dans le Suffolk, dans un cabinet d'architectes à Ipswich.

Il continua à réfléchir intensément sur son identité.

Douglas écrivit son premier livre, *Le Sens et la Beauté de l'Artificiel*.

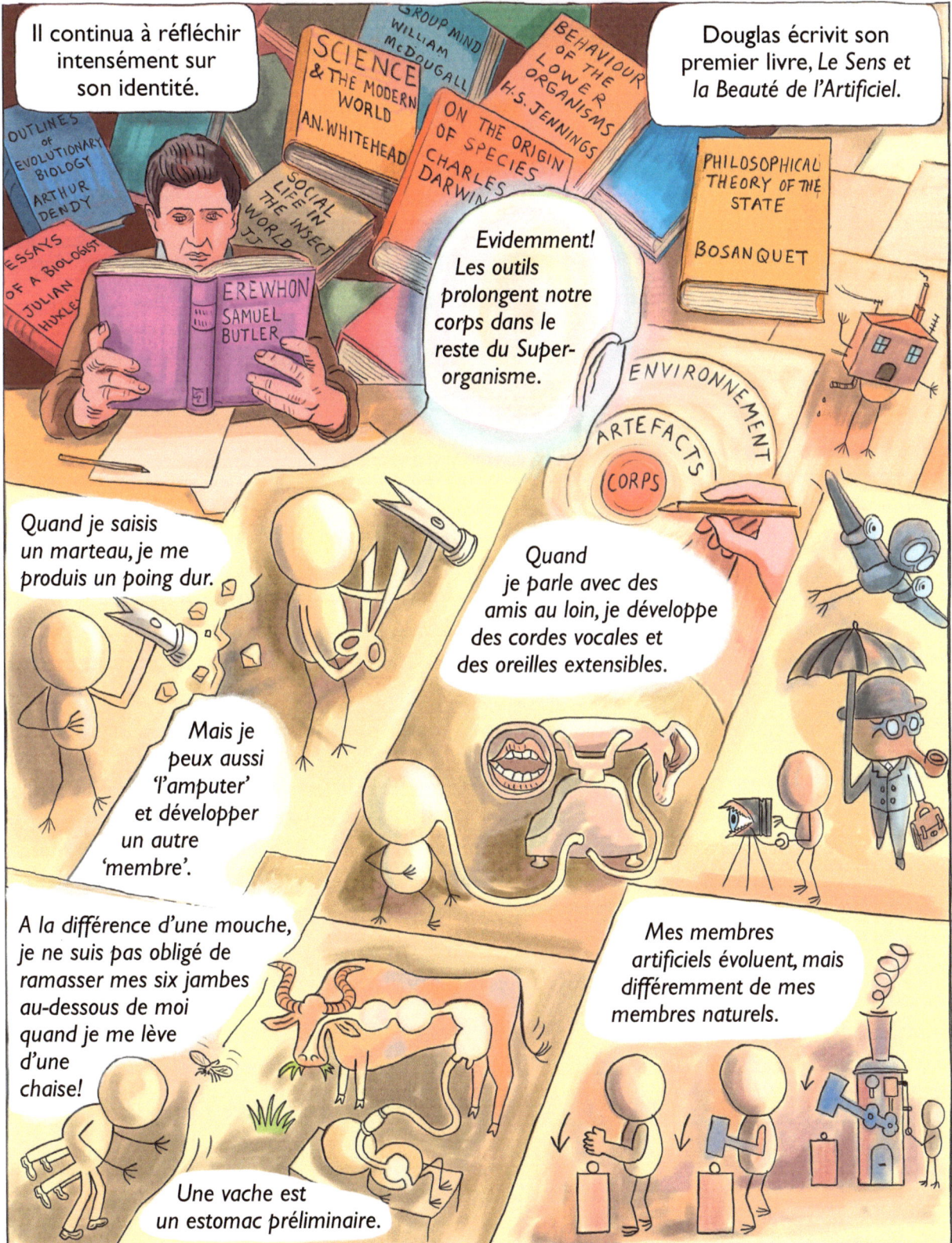

Evidemment! Les outils prolongent notre corps dans le reste du Super-organisme.

ENVIRONNEMENT

ARTEFACTS

CORPS

Quand je saisis un marteau, je me produis un poing dur.

Quand je parle avec des amis au loin, je développe des cordes vocales et des oreilles extensibles.

Mais je peux aussi 'l'amputer' et développer un autre 'membre'.

A la différence d'une mouche, je ne suis pas obligé de ramasser mes six jambes au-dessous de moi quand je me lève d'une chaise!

Mes membres artificiels évoluent, mais différemment de mes membres naturels.

Une vache est un estomac préliminaire.

33

Douglas, je ne suis pas d'accord. Vous êtes votre corps. Vous vous arrêtez à votre peau! Vous n'êtes pas ces 'membres' et 'organes' artificiels!

Si vous aviez de fausses dents, feraient-elles partie de votre corps?

Non!

Parce qu'elles sont mortes.

Pourquoi?

Mais vos os sont essentiellement de la matière morte déposée par des cellules vivantes. Cela veut il dire qu'ils ne font pas partie de votre corps?

Non, parce qu'ils ne sont pas des pièces détachées comme mes fausses dents.

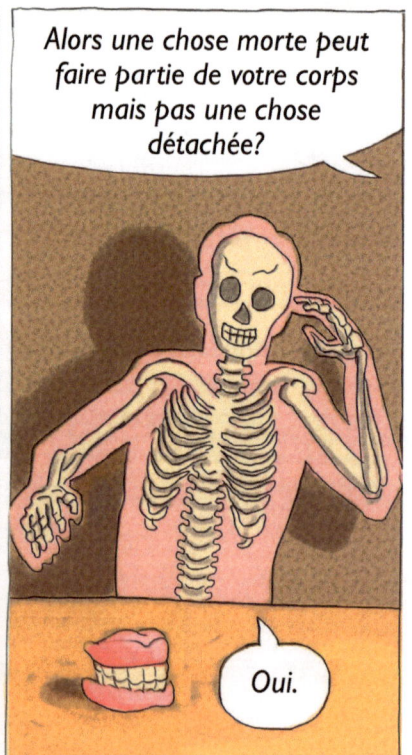
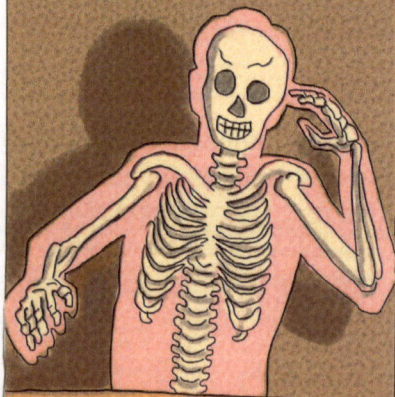

Alors une chose morte peut faire partie de votre corps mais pas une chose détachée?

Oui.

35

36

Douglas découvrait qu'il était construit sur un modèle hiérarchique.

Les parties d'un niveau se combinent pour former l'ensemble du niveau suivant.

Et moi je m'associe à vous et à tous les autres gens et nos accessoires pour former un être encore plus grand - la Créature que j'appelle Humanité.

Toutes mes cellules se rassemblent pour me former moi.

THE MEANING AND BEAUTY OF THE ARTIFICIAL

Mes molécules se combinent en cellules.

Mes atomes se combinent en molécules.

Chacun de mes atomes est une société de particules.

HUMANITE

CLUB DES CELLULES

PERSONNE

CELLULE

CLUB DES ATOMES

MOLECULE

ATOME

PARTICULE

Douglas était conscient que nos accessoires nous agrandissent, mais il était aussi conscient de leur danger. l'Allemagne réarmait.

Il faut que nous découvrions les causes profondes du conflit, alors nous pourrons transformer nos épées en charrues.

GERMANY CONTINUES TO REARM

Douglas rêvait aussi de devenir romancier. Il écrivit des nouvelles.

Le Nez de Cauchemar

Le Front Rouge

La Puanteur

Deuil pour Grandpère

Le Frère de Plymouth

A cette époque il rencontra Chloé. Ils eurent une brève relation. Chloé tomba enceinte.

Veux-tu m'épouser?

Je ne veux pas me marier.

Mais je ne veux pas de scandale, alors je pars en Espagne.

Douglas rencontra ensuite Beryl. Tous deux s'intéressaient à la politique.

THE CP COMMUNIST PARTY OF GREAT BRITAIN

WORKERS INTERNATIONAL LEAGUE

Le communisme veut combattre l'injustice sociale.

Ils se marièrent en décembre 1935.

En 1936 ils allèrent en Russie pour voir le communisme à l'oeuvre.

C'était pendant la purge de Staline. Les doutes grandissants de Douglas sur la panacée soviétique se transformèrent en horreur.

La peur et la pauvreté partout sont terribles.

Beryl tomba enceinte. Au même moment, Douglas trouva un job d'architecte à Calcutta.

Le salaire est meilleur.

Avec la guerre proche, nous serons plus en sécurité pour élever une famille là-bas.

En 1937 ils s'embarquèrent pour l'Inde.

38

Peu après leur arrivée, Julian naquit. Puis Simon, l'année suivante.

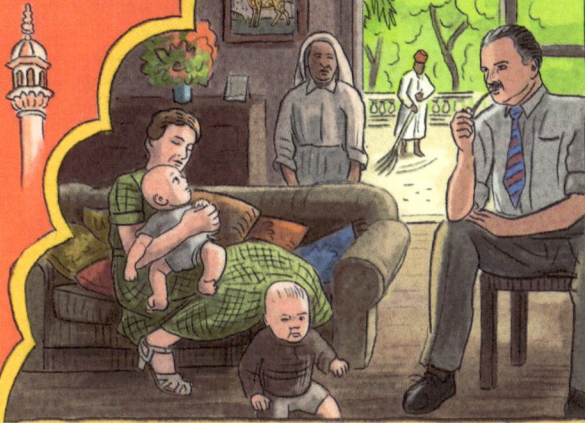

Douglas constitua une grande équipe d'aides.

Nous devons construire cela différemment ou cela s'écroulera.

Oui, Monsieur.

Douglas voulait laisser son empreinte sur le monde.

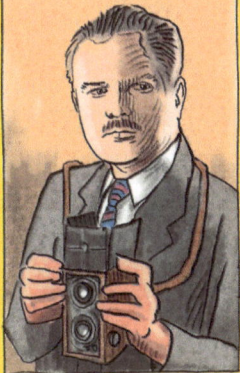

Il fit beaucoup de photos, gagna un prix.

Il devint auteur de bandes dessinées, et fit une exposition.

Et il écrivit un roman policier. Un homme est trouvé mort, le visage détruit par un coup de fusil…

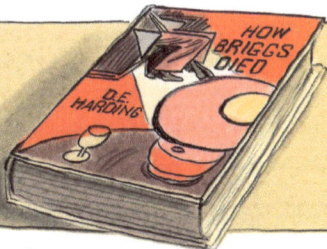

Étrange prémonition de ce qui devait arriver à Douglas quelques années plus tard…

HOW BRIGGS DIED

D.E. HARDING

En 1940, à cause de la guerre, Beryl partit se réfugier en Amérique avec ses enfants.

L'année suivante Douglas rejoignait l'Armée. Il avait 32 ans.

Douglas termina un autre livre pour lecteurs plus jeunes.

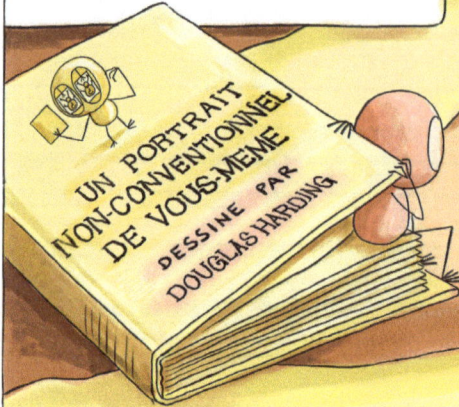

UN PORTRAIT NON-CONVENTIONNEL DE VOUS-MÊME
DESSINÉ PAR DOUGLAS HARDING

Qui êtes-vous?

Vous dites que vous êtes votre corps. Comment le voyez-vous?

La science dit que la lumière du soleil rebondit sur votre main, entre dans votre oeil et forme une image.

Celle-ci est encodée et transférée à votre cerveau où elle est reconstruite.

C'est seulement alors que vous voyez votre main. Ou plutôt une 'idée' de votre main.

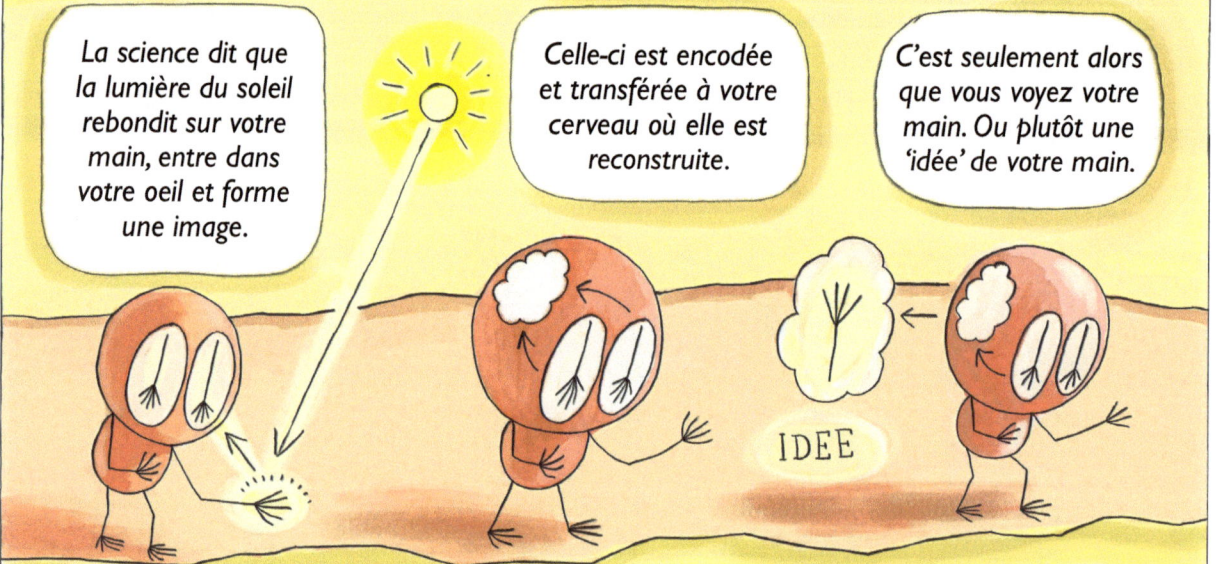

IDEE

Mais pouvez-vous être sûr que l'idée est exactement comme votre vraie main?

Le 'monde extérieur' lui-même n'est-il pas une idée dans votre esprit?

ODEUR

40

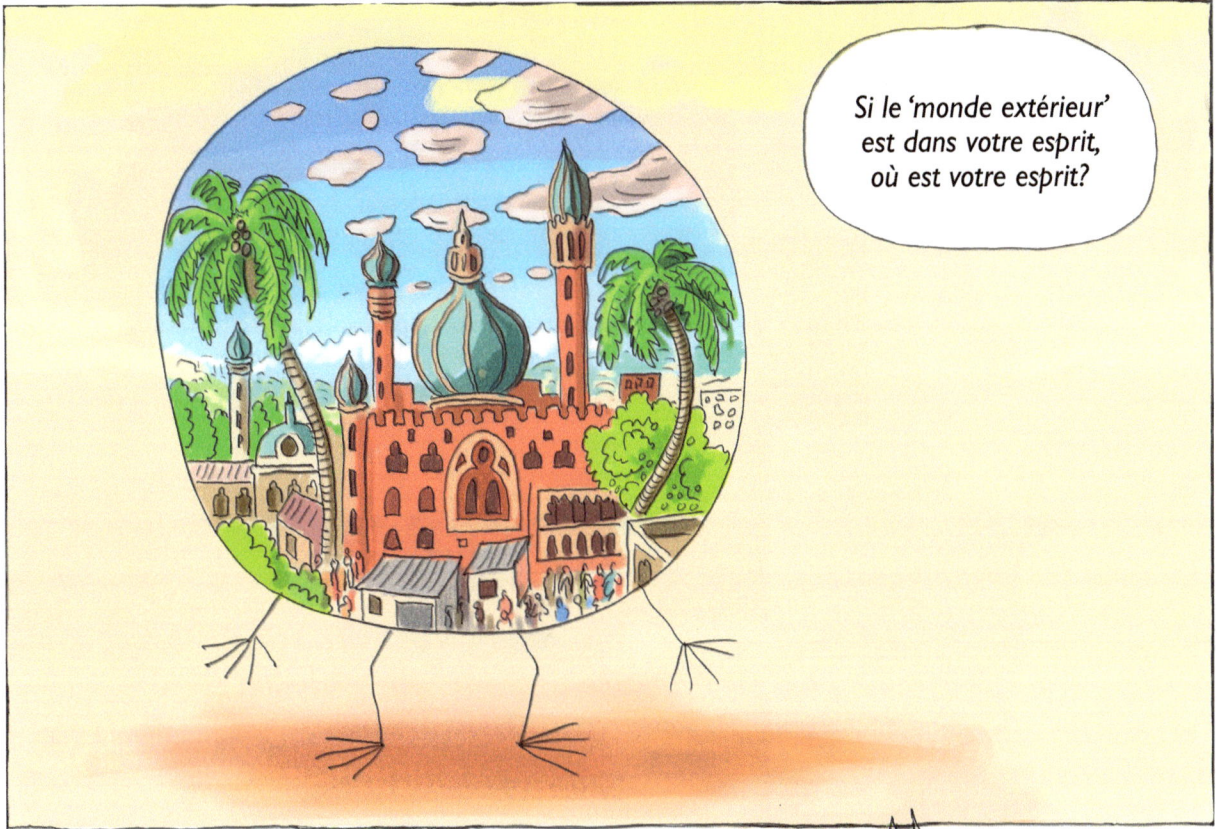

Si le 'monde extérieur' est dans votre esprit, où est votre esprit?

Ce monde vivant n'est pas une copie dans ma tête. C'est le monde réel et il se produit dans ma 'conscience' – qui n'a pas de place objective.

Extrêmement curieux, Douglas ne prenait rien pour acquis.

La science décrit des ensembles jaillissant de leurs parties.

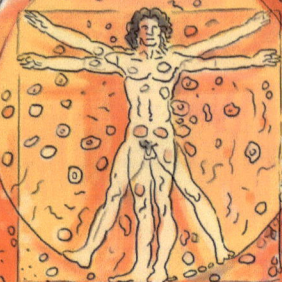

Mais la science n'explique pas **comment** cela se produit,

ni comment quoi que ce soit puisse émerger de rien. C'est miraculeux.

Votre être ne s'arrêtent pas à l'Humanité.

Vous incluez tout le vivant

la planète

l'étoile

tout.

Vous n'avez pas non plus un commencement défini dans le temps.

Vos ancêtres cellulaires ont des ancêtres moléculaires. Vous viviez dans les rochers et l'eau de la Terre bien avant que la vie surgisse.

Vous êtes le Tout aux multiples niveaux. Mais qu'êtes-vous au centre? Vous êtes, pourtant vous ne pouvez pas décrire votre moi le plus profond. Vous êtes un mystère merveilleux.

Avec les Japonais qui avançaient à Burma, il était sous pression.

Je veux savoir qui je suis vraiment, au centre, avant de mourir.

Ayant terminé *Un Portrait Nonconventionnel De Vous*, Douglas ne s'arrêta pas là. En fait, sa recherche s'intensifia.

Commandant dans l'Armée, Douglas voyageait partout en Inde.

Néanmoins il parvenait à consacrer plusieurs heures par jour à sa recherche – lisant, réfléchissant, dessinant, prenant des notes.

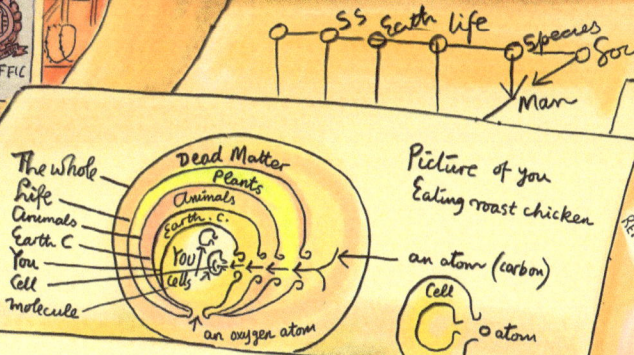

Essayez de vous voir comme pour la première fois. Essayez, oh essayez! d'oublier, tout ce que vous 'savez' sur vous-même et de vous voir vous-même avec un regard neuf.

Cette merveilleuse fenêtre que vous portez avec vous.

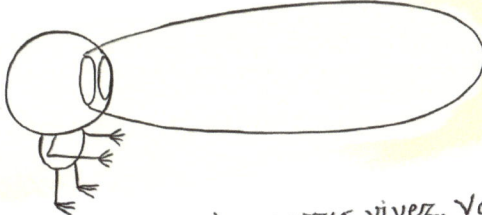

Mais c'est danss cette 'fenêtre' que vous vivez. Vous ne vous voyez pas divisé entre l'extérieur et l'observateur à l'intérieur. Il n'y a pas de verre. Ni de barres ni de volets. Admirez cette ouverture miraculeuse.

Douglas sondait son intérieur, à la recherche de son centre...

43

Mon centre semble caché, inaccessible.

Plus un observateur s'approche de moi, moins il trouve.

Que suis-je à la distance zéro?

Il semble probable qu'au centre je sois 'rien',

mais comment vérifier cela?

En 1943 Douglas trouva ce qu'il cherchait ...

Membre de la bibliothèque impériale, Douglas avait accès à beaucoup de livres.

Il découvrit un auto-portrait du physicien Ernst Mach.

Bizarre! Normalement, quand vous vous dessinez vous-même vous utilisez un miroir.

Vous dessinez ce que vous paraissez être à environ un mètre de vous.

Mais Mach n'a pas utilisé un miroir. Ceci est lui-même vu à zéro distance.

Ma parole! Je suis sans tête aussi!

Je vois ce que je suis au centre. Je suis espace d'accueil pour le monde!

Je ne suis pas dans mon corps, mon corps est en moi.

Je ne bouge pas, c'est la rue qui bouge.

J'ai vos visages à la place du mien. Je suis vous.

Pas de distance! Même les étoiles sont ici en moi.

Mon apparence est là-dehors, pas ici.

Mon centre n'est pas caché. Je regarde à partir de lui!

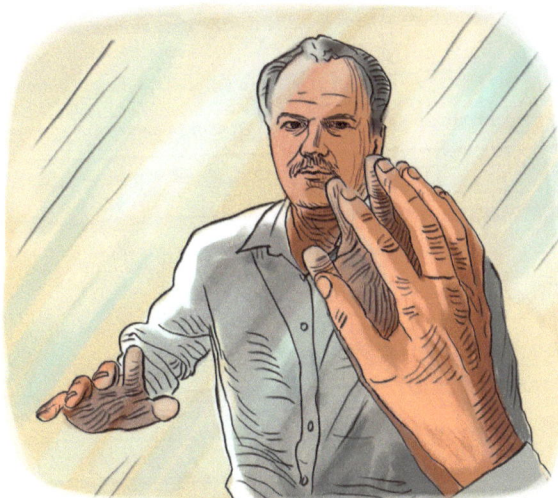

Douglas ressentit une paix profonde, une joie tranquille, et la sensation d'avoir déposé un fardeau insupportable.

Une foule de nouvelles intuitions jaillissaient maintenant, Douglas ne dormait presque pas. Il avait un carnet près de son lit pour écrire ses idées.

Ceci est une image de vous tel que vous êtes pour vous-même. C'est la plus importante.

La société nous voit comme ça —

Le sens commun dit: « Regarde dans le miroir – ça, c'est toi ». **Ce n'est pas vrai.**

Mais vous voyez —

Le visage dans le miroir est à l'envers sur ton corps.

Ici, il n'y a rien, pas d'oeil, pas d'observateur. Ce dont tu es conscient c'est ce monde extérieur, pas de distance entre lui et toi. **C'est toi.**

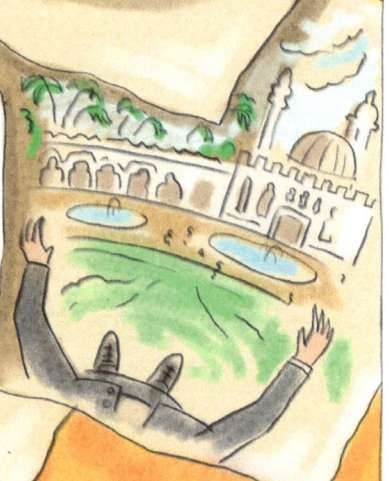

L'observateur extérieur reçoit une fausse image. Il voit…

Nous sommes vraiment comme cela – nous échangeons nos têtes.

Douglas écrivait toutes les idées qui lui venaient. Il brûlait d'inspiration.

Douglas était toujours prêt à partager ses idées.

Mon nez sort de l'espace. Il n'est attaché à rien.

Mais Commandant, vous avez une tête. A quoi votre nez est-il attaché?

Mais vous pouvez toucher votre tête.

Je ne peux pas. Mes doigts disparaissent et j'ai des sensations. Les sensations ne font pas une tête.

Votre miroir montre où se trouve votre tête. Elle est là, derrière la glace, pas ici au-dessus de vos épaules.

Et le miroir?

Eh bien commandant, vous êtes un drôle de type! Enfin, nous sommes en guerre, j'ai du travail.

Les gens acceptent sans condition le point de vue de la société sur ce qu'ils sont. Ils ne font pas confiance à l'évidence de leurs sens. Ils ne se regardent pas eux-mêmes.

49

Peu après avoir vu qu'il n'avait pas de tête, Douglas prit une grande décision.

Je dois consacrer ma vie à cette vision.

Le Club du Samedi
Calcuta

Pour présenter ma découverte au monde, je dois apprendre.

Je n'ai pas assez de connaissances en philosophie, science, histoire, psychologie…

Finis les photos, dessins animés, romans… Je dois me mettre à un travail sérieux.

Il développa un système d'index avec des cartes.

L'organisation de toutes ces idées est la clef.

DARWIN
VI.
140
Bodily Instruments as if eval new
@ Ward

Un peu avant la fin de la guerre, Douglas fut renvoyé en Angleterre.

La famille fut réunie.

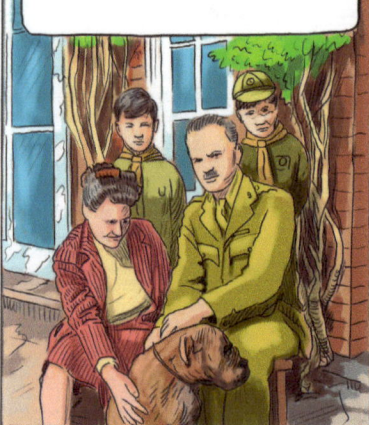

Un an plus tard il quitta l'Armée, promu Vice-Commandant du Génie Royal. La famille s'installa à Ipswich.

PICKFORDS
REMOVERS & STORERS
BRANCHES IN ALL LARGE TOWNS

Beryl, je veux prendre une année de congé pour finir mon livre, avant de retourner à l'architecture. J'ai économisé de l'argent en Inde, ça va aller.

Bien sûr. Il faut que tu exprimes ce que tu as à dire.

Beryl prit un job d'enseignante.

Douglas aussi – deux classes par semaine, philosophie et religions comparées.

Le reste du temps il travaillait à son livre.

Papa...

Je suis occupé.

Allez, allons promener Platon.

Faisant un trait sur le passé, ses parents reprirent contact.

Beryl dit que tu écris un livre.

Oui. Il grossit sans cesse!

Il correspondait avec Chloé à propos de leur fille, Lydia.

Que suis-je? Voilà ma question.

La Société dit que je suis un homme.

Thé!

Tous les gens se comportent comme s'ils étaient la personne dans le miroir.

Douglas!

J'arrive.

Nous voir comme séparés des autres et de l'environnement c'est la base de notre pensée, de notre comportement.

Persuadés que nous sommes enfermés dans nos corps mortels séparés, pas étonnant que nous nous sentions perdus et seuls, inadéquats et pleins de peur.

La société me voit comme simplement un homme: c'est trop limité.

La science révèle que mon apparence change selon la distance. Je ne suis pas seulement humain.

Même la vision scientifique de moi à mes niveaux multiples est limitée parce qu'elle m'observe toujours à partir d'une certaine distance.

Je peux compléter la vision scientifique objective de moi.

Je peux me voir moi-même à la distance zéro. La vision subjective de moi est aussi valable que l'objective.

Pour moi-même, je ne suis pas un homme, je suis un corps sans tête avec le monde sur mes épaules!

Au centre de toutes mes apparences, il y a cette vacuité éveillée. C'est évident, pourtant nous ne le remarquons pas et l'ignorons.

Toutes ces couches – mes apparences pour les autres – sont des apparences de ma vacuité centrale, de 'moi'. Je suis rien et tout, et tout entre les deux.

RIEN
MES · PARTICULES
MES ⊙ ATOMES
MES △ MOLÉCULES
MA PERSONNE ◎ CELLULES
MES ESPÈCES ♦ CORPS
MA GÉOSPHÈRE ⚘ HUMANITÉ
MA PLANÈTE Ø VIE
MON ETOILE ✦ TERRE
MA GALAXIE ☌ LE SYSTÈME SOLAIRE
LA VOIE LACTÉE

Ceci est une représentation radicalement nouvelle de mon identité.

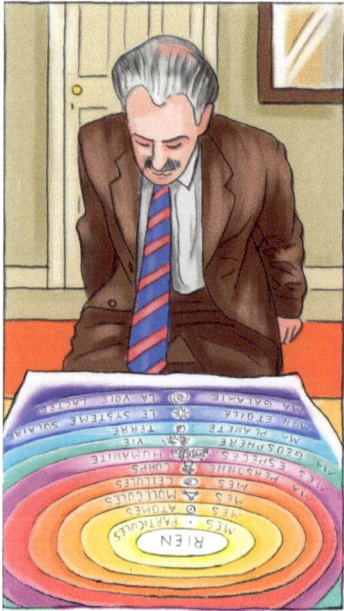

Bien que je sois Rien pour moi-même au centre, pour ces gens là dehors j'apparais comme un homme.

Mais bien que les autres voient une personne ici,

moi pas. Mon corps disparait dans cette vacuité centrale. Moi, cette personne, suis absent. Je suis vide pour les autres.

Et bien que vu à partir de ces étoiles je sois une étoile,

je ne vois pas d'étoile ici. Être cette étoile signifie être espace pour les autres étoiles.

Je grossis et rétrécis selon la distance. A un moment je suis cette personne, et pourtant espace pour les autres gens. Le moment suivant je suis cette planète ou cette étoile, et espace pour les autres planètes, les autres étoiles.

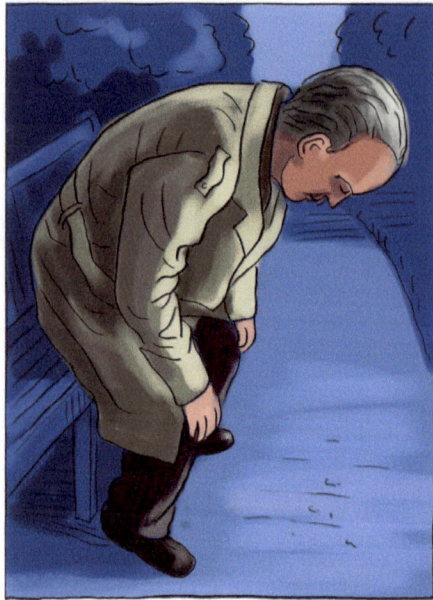

Mais le sol sous mes pieds n'est pas seulement planétaire et solaire, il est aussi galactique!

Il ne suffit pas de comprendre ces vérités. Il faut les vivre pour qu'elles deviennent réelles.

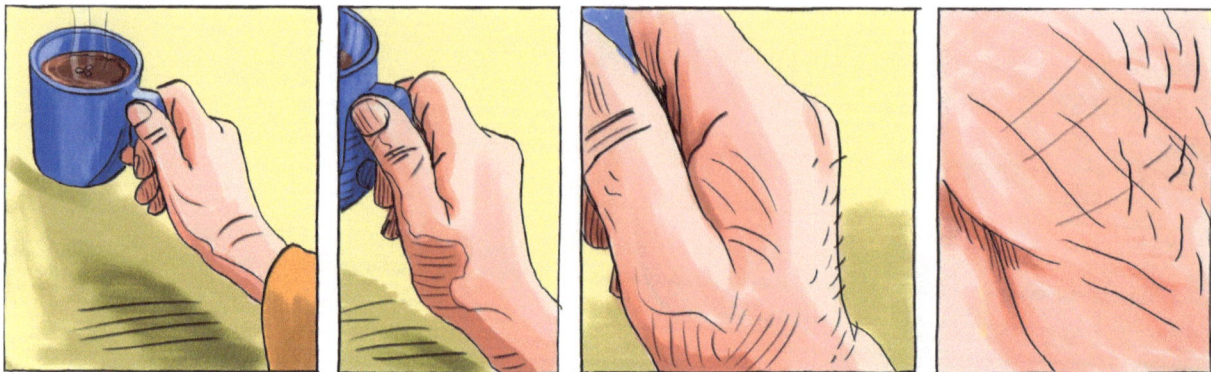

A des distances de plus en plus proches de moi

je suis une cellule, et pourtant espace d'accueil pour les autres cellules;

une molécule, et espace pour les molécules;

un atome, et espace pour les atomes;

une particule, et espace pour les particules.

N'étant rien au centre, j'apparais comme tous les objets et suis espace pour tous les objets. La hiérarchie complète, depuis les galaxies jusqu'aux particules, est mon corps et mon esprit – la vue vers l'intérieur et la vue vers l'extérieur. Quelle révélation!

La prise de conscience de cet Espace sans tête change la manière dont je vois les choses. L'univers aux multiples couches est en moi. Je suis infiniment riche!

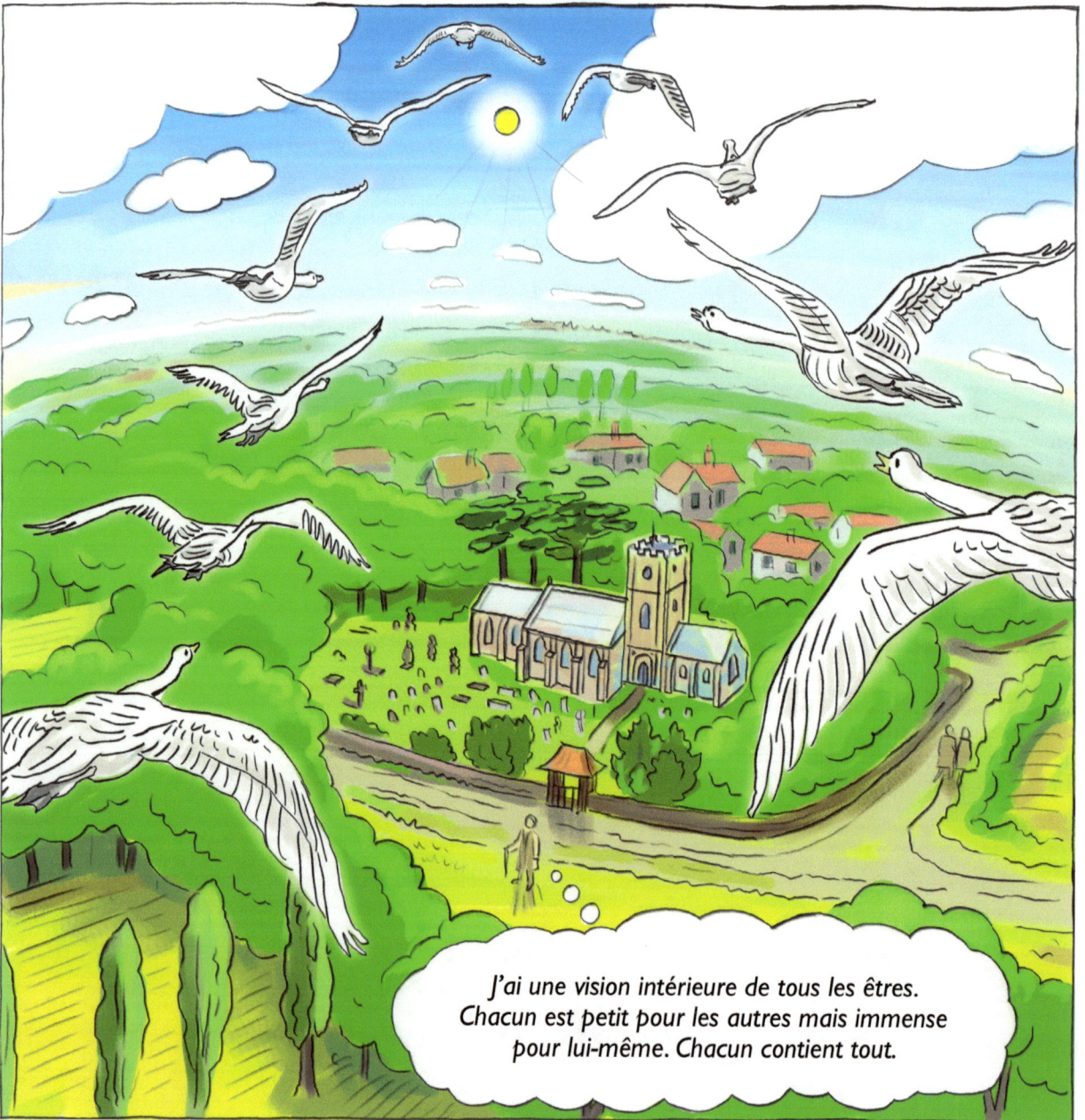

J'ai une vision intérieure de tous les êtres.
Chacun est petit pour les autres mais immense
pour lui-même. Chacun contient tout.

Mes pensées ne sont pas enfermées dans un récipient central ici mais se mêlent au monde.

69

Ne voyant aucune limite à moi-même, je me retrouve identifié avec les autres.

Me plaçant en leurs centres, je deviens les autres, je ressens pour et comme eux.

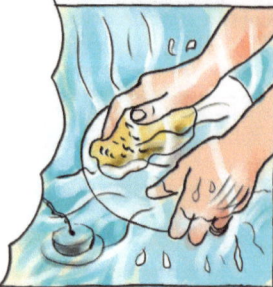

70

Je puis aussi ressentir les choses inanimées.

Je ressens la traction dans la corde tendue.

Je plane dans les nuages,

brille dans le soleil,

regarde en bas depuis les étoiles.

N'étant rien au centre, je peux me placer au centre d'autres centres.

La capacité de changer de centre est la base de l'amour.

Ceci fut une période d'étude et de réflection profondes, la maturation de sa vision.

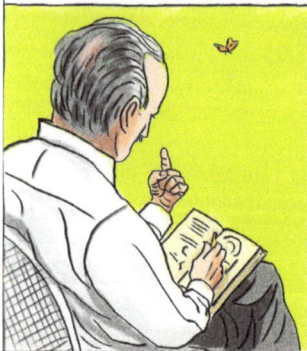

Cet humble Centre est le lieu de Tout. Stupéfiant!

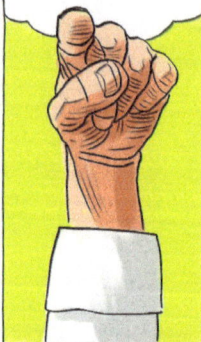

Je deviens tout ce que je regarde.

Je soulève cette pierre, je suis là.

Ma vie est la vie que vivent les autres en moi.

L'AUTRE

MOI

A chaque niveau, je suis dans l'autre, l'autre est en moi. Toute ma haine est la haine de moi-même.

C'est grâce à l'amour que le mystique remonte la hiérarchie, se hissant au niveau suivant seulement dans et à travers ses compagnons.

Les lois de l'ordre hiérarchique, la voie verticale des choses...

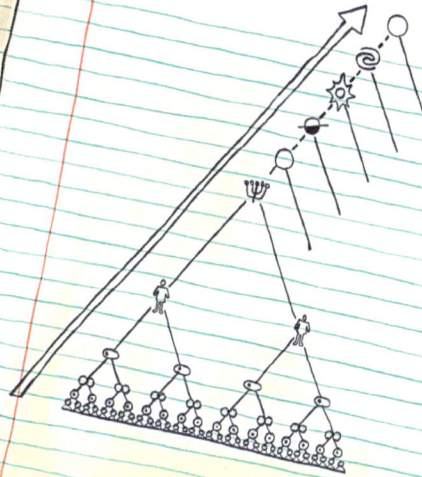

... le genre de connexions entre les niveaux que la science compartimentée trouve maintenant à chaque niveau c'est l'œuvre de la science unitaire de l'avenir, dont la Hiérarchie est la vision.

Les diagrammes étaient un élément vital du processus de pensée de Douglas.

73

En été 1948 Douglas termina la première version de *La Hiérarchie du Ciel et de la Terre*.

Au printemps 1949 Douglas avait tapé à la machine la première moitié. Il l'envoya à Cyprian Blagden, un ami chez l'éditeur Longman.

21 Juillet 1949

Cher Douglas,

La Hiérarchie est très impressionnante, mais je crois impubliable. Vous feriez mieux de vous remettre à l'architecture...

Répondit Cyprian.

Tu es pâle, Douglas.

Cyprian pense que je perds mon temps. Je vais me promener.

C'est un terrible choc.

Je dois accepter le fait que le travail de ma vie ne verra jamais le jour.

Mais je m'en fiche si personne ne le lit! Je vais terminer le travail, arrive ce qui pourra.

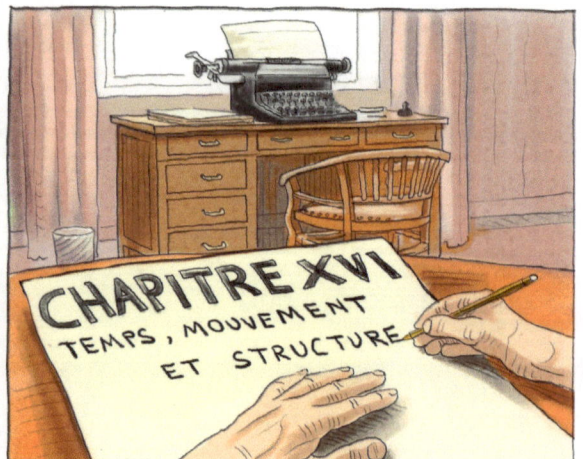

CHAPITRE XVI
TEMPS, MOUVEMENT
ET STRUCTURE

Douglas prenait rarement congé de son livre.

Julian, nous allons voir grand-père et grand-mère à Lowestoft.

Je veux y aller sur mon nouveau vélo.

Je veux un vélo, le meilleur marché possible.

Celui-ci est d'occasion, c'est une vieille guimbarde!

Parfait!

Où est ton père?

Bonjour grand-père. Papa est un peu lent…

Je suis éreinté. C'était une idée folle de venir en vélo. Nous rentrons en train.

A la maison.

Beryl, j'ai encore du travail à faire sur mon livre.

Prends tout ton temps, Douglas.

Que s'est-il passé?

Julian m'a dépassé.

La rédaction de *La Hiérarchie* entraina Douglas dans une aventure extraordinaire.

D'où viennent mes idées?

C'est le Centre qui me guide.

Une idée ou une image jaillit de cette profondeur insondable en moi.

Souvent je ne comprends pas un diagramme tout de suite.

PASSE

FUTUR

PRESENT

Mais en travaillant avec lui — comme il travaille avec moi — sa signification apparait. Il m'enseigne.

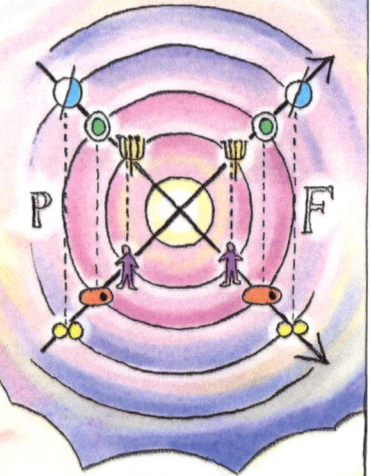

L'univers vivant révèle sa structure ahurissante en moi.

Tout ce que j'ai découvert n'est qu'une fraction de la vérité. Le mystère s'étend dans toutes les directions, à l'infini.

Il y a les miracles innombrables dont nous sommes composés, mais il y aussi l'irrégularité suprême — le fait que quoi que ce soit existe. Il n'y pas simplement Rien. Quel talent pour Se produire!

Ma découverte la plus belle, la plus excitante, c'est que parce que toutes mes racines sont dans le Mystère, je suis moi-même mystère.

La rédaction de *La Hiérarchie* fut une profonde expérience mystique pour Douglas, mais il fallut un certain temps pour que ses réalisations affectent sa personnalité.

J'ai été invité à donner un cours par semaine sur la Logique, à l'Université Populaire de Colchester.

Bonne nouvelle!

WORKERS' EDUCATIONAL ASSOCIATION

Bienvenue, Mr. Harding.

Nous avons entendu beaucoup de bien sur vous.

Oh non! Je commence à être paralysé par la timidité. J'ai peine à regarder les gens.

Je suis terriblement embarrassé par mon visage.

Je tremble. Je suis un paquet de nerfs.

Merci Mr. Harding. A la semaine prochaine.

C'est terrible. Je me suis senti de nouveau affreusement timide, soumis à un examen, pris au piège et effrayé. Je ne pouvais regarder personne dans les yeux.

Le manuscrit terminé en septembre 1950, Douglas entama immédiatement la rédaction d'une version plus courte à offrir aux éditeurs.

THE HIERARCHY OF HEAVEN AND EARTH
A New Diagram of Man in the Universe
(synopsis)

PART I
...PTER I THE VIEW OUT AND THE VIEW IN
...n) The missing head. This ...
...yself and in my own ...
...o answer ...

WED 20 FINISHED!
Completed correctio...
& binding

THU 21

SEPTEMBER
Began synopsis FRI 22
SI

Conscient de l'importance de son travail, il en inscrivit le déroulement dans son agenda.

NOVEMBER
MON 13

S Posted to Gollancz
Posted MS to CS Lewis
Saurat
SAT 18
SUN 19

TUE 14

WED 15
Moon First Quarter

THU 16 S. finished

Douglas écrivit le synopsis très rapidement – deux mois seulement.

Il envoya le manuscrit à des auteurs et éditeurs et attendit.

✓ Laurie
✓ Heard
✓ Inge
✓ Lewis
✓ Price
✓ Jacks
✓ Saurat
✓ Publishers
✓ Woodger

Entretemps Beryl devint magistrate.

Douglas commença à chercher du travail.

Air Ministry
Ministry of Works
The Gas Board
Architects

Bonne nouvelle, Beryl. Mon vieil ami Eric Sandon veut me prendre comme partenaire dans son cabinet d'architecture.

Douglas termina un second roman policier qu'il avait commencé en Inde.

The Melwold Mystery

MARCH
MON 26

Puis il reçut une lettre de C. S. Lewis…

TUE 27

WED 28 CSL letter!

78

Magdalen etc.
Pâques 1951

Ma parole ! vous m'avez rendu ivre, complètement ivre, vous avez écrit une œuvre de génie.

Enfin, quelqu'un me comprend !

Lewis invita Douglas à Oxford.

le 4 juin

Répondez-moi et je réserverai une chambre. Bien à vous.

C. S. Lewis

Votre livre est un regard complètement neuf sur notre place dans l'univers — dans l'univers **vivant** ! C'est révolutionnaire.

La mère de Douglas mourut pendant qu'il était chez Lewis. Elle était malade.

Quelque mois plus tard.

Lewis a écrit une préface. Il s'est engagé pour moi. Je lui serai toujours reconnaissant.

Publié par Faber & Faber en 1952.

The
HIERARCHY
of
HEAVEN &
EARTH

With an Introduction by
C. S. LEWIS

D. E. HARDING

Un livre d'une originalité immense.

E. Fuller, Episcopal Church News.

Aboutissement d'un travail de dix ans !

Douglas développa rapidement un cabinet d'architecture prospère avec Eric Sandon.

SANDON & HARDING
ARCHITECTS

Il dessina et construisit Shollond Hill dans le village de Nacton près d'ipswich.

1956

C'est très moderne, Papa.

Pendant ce temps, Douglas continua l'oeuvre de sa vie. Il écrivit une pièce de théâtre, une présentation des idées de *La Hiérarchie du Ciel et de la Terre*.

LES DIEUX VISIBLES

Les Dieux Visibles est une conversation imaginaire entre Socrate et plusieurs penseurs modernes.

Alors, vous êtes d'accord que l'univers est un tout vivant, aux couches multiples; les étoiles sont des 'dieux visibles'.

Vous avez déformé nos mots, Socrate.

Je n'ai fait que développer votre théorie jusqu'à sa conclusion!

L'univers n'est pas vivant! A part quelques morceaux.

Maintenant que nous sommes seuls, Evêque, que pensez-vous vraiment?

Mon cher Socrate, vous nous montrez l'univers vivant avec notre propre science, mais nous refusons de l'accepter.

Nous 'savons' que l'univers est mort et nous rejetons comme poète ou fou quiconque dit le contraire.

En avance sur son temps, la vision du monde de Douglas fut en général ignorée.

Septembre, 1957

Ma soeur a téléphoné. Mon père est mort.

Edgar fut un bon Frère de Plymouth qui accepta de bonne grâce la défection de son fils...

Tout le monde est bienvenu dans le salon pour le thé, excepté Mr. Harding.

Ils ne peuvent pas me condamner au bûcher, alors ils font ce qu'il y a de pire en Angleterre: me refuser le thé!

Douglas rencontra sa soeur Freda pour lire les volontés de leur père sur une aire de stationnement sur l'autoroute A12.

Je refuse de te rencontrer sous un même toit parce que tu as abandonné la foi de notre cher père.

Plus tard à la maison.

Est-ce que ton père te manque?

Oui, Beryl Je l'aimais énormément. Son dévouement total à la vérité telle qu'il la voyait m'inspire. Comme je l'ai blessé en quittant les Frères!

Je gagne de l'argent, j'ai pris soin de ma famille, je n'ai pas d'autres ambitions mondaines.

Mais j'ai presque 50 ans. Je piétine. Quelle est la prochaine étape dans le travail de ma vie?

Ce fut comme si l'univers répondait à la question de Douglas.

The Saturday Evening Post lui demanda un article.

Ma chance d'atteindre un très large public.

L'Univers Réévalué. Chaque époque a sa vision du monde.

Le photographe célèbre Tom Blau fit le portrait de Douglas pour The Post.

The Saturday Evening POST
4 March 1961   15c

L'article de Douglas attira beaucoup d'attention.

ACADÉMIE DE LA RÉUSSITE

Monterey, Californie, 26 juin, 1961
Cher Mr. Harding:
L'Académie vous invite au banquet en tant qu'invité d'honneur.

Bien que de plus en plus connu, Douglas restait son propre maître.

Edward Teller, 'le père de la bombe à hydro-gène'.

Les Russes nous dépassent techniquement. Nous devons les bombarder maintenant avant qu'il ne soit trop tard.

Communiste!

Merci! Nous voulons vous serrer la main.

C'est scandaleux.

Oui, Roethke, je refuse d'applaudir ça.

Douglas découvre le Zen.

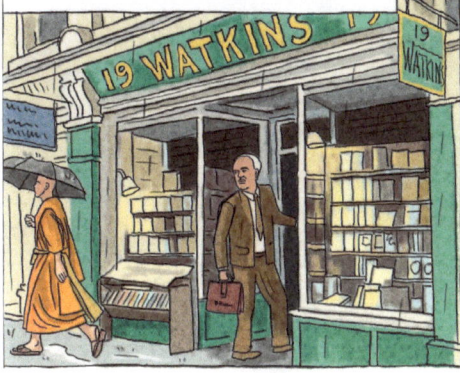

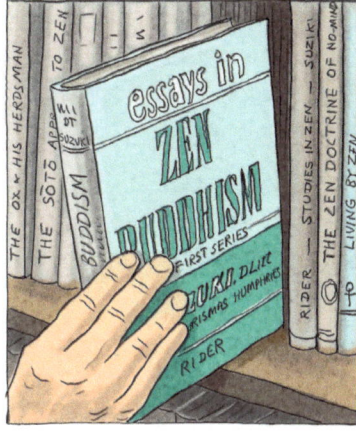

Hui-Heng a vu ce que je vois – cet espace sans visage.

Montre-moi la vérité, Huin-neng.

Regarde ton Visage Originel, Ming – le Visage que tu avais avant d'être né.

Le Zen parle mon langage. Enfin, je suis en compagnie de voyants sans tête.

Vivre sans Tête
Une contribution au Zen en occident.

Si je situe ma première vision sans tête lors d'une marche dans l'Himalaya, cela frappera le lecteur…

Peut-être les Bouddhistes vont-ils apprécier la vision sans tête.

Je vais m'inscrire à l'Ecole d'été de la Société Bouddhiste.

Douglas devint un habitué de l'Ecole d'été.

Le livre de Harding présente une nouvelle approche du Zen.

Oui, il fait appel à l'expérience directe.

BUDDHIST SOCIETY

58

Vivre Sans Tête devint un classique spirituel moderne.

Douglas découvrit aussi *Les Entretiens avec Ramana Maharshi.*

Ramana a raison, le Soi est évident. Tout le monde peut voir cet Espace.

Je sens sa présence — elle m'aide à m'établir fermement dans le Soi. Plus d'hésitations.

Douglas, voici Helen, notre nouvelle secrétaire.

Douglas, puis-je lire votre livre?

Bien sûr, Helen.

1964

Quelques jours plus tard.

Je crois que je vois ce que vous voulez dire. Je suis Espace pour le monde.

Oui, c'est cela.

La Vision eut un effet spectaculaire sur Helen.

Brusquement elle battait tout le monde au tennis.

Ayant disparu, je joue mieux!

Je comprends maintenant les mystiques!

Oui, vous voyez ce qu'ils voyaient — le Soi, la Claire Lumière, le Fondement de l' Etre.

RAMANA
ECKHART
RUYSBROEK
CHEN-CHI
RUMI

Enfin, après 20 ans, j'ai clairement partagé la Vision. Je peux mourir maintenant.

84

Douglas commença à partager la Vision avec plus de gens, mais sa famille n'était pas du tout intéressée.

Deux personnes ont vu l'absence de leur visage à ma conférence!

Elles ont aperçu quelque chose, Père, mais elles ne sont pas illuminées.

Et tu ne l'es pas non plus, Douglas.

Douglas rencontra pour la première fois sa fille Lydia.

Il ne s'intéresse pas à moi, seulement à la Vision.

Douglas construisit une seconde maison de l'autre côté de l'allée.

Under Shollond sera un lieu de rencontre pour les amis de la Vision.

En décembre 1965 Douglas retourna en Inde.

Ramana Ashram

L'une des raisons du voyage était de s'éloigner d'Helen.

Vous êtes très spécial, Douglas.

Je vous aime beaucoup, Helen, mais nous sommes seulement des amis. Vous devez me séparer de la Vision.

Douglas rencontra la sainte, Anandamayi Ma.

Ma m'a demandé de vous donner son châle et de vous dire: « Je suis vous. Je suis vous. »

Février 1966

Bienvenue de retour au bureau, Douglas. J'ai une nouvelle. Je suis fiancé à Helen!

Félicitations, Eric.

Helen prenait maintenant ses distances.

Je me sens de plus en plus proche des mystiques de toutes les traditions. Ils voient cette Vacuité que le monde ignore.

Douglas fut chargé d'écrire un livre.

Nous voudrions que vous écriviez sur les principales religions du monde.

Quelle opportunité!

LES RELIGIONS DU MONDE

L'HINDOUISM

L'histoire de grandes religions commence en Inde.

Il n'y a que l'Un. Celui qui divise l'Un erre de mort en mort.

The UPANISHADS

La libération, c'est réaliser que vous êtes l'Un. Seul l'Un est vraiment libre.

Je vois Dieu plus clairement que je ne vous vois vous.

Je peux seulement avoir un aperçu des visages, mais je vois parfaitement mon absence de visage. Au centre de moi-même seulement se trouve ce qui est vraiment visible et réel – l'Un le SEUL.

Voir la vérité à travers les yeux des grands sages est très inspirant.

Douglas enseignait les religions comparées une fois par semaine.

Chaque religion vous enthousiasme!

Chacune célèbre la Réalité d'une manière unique.

Le Bouddha donna un conseil important au moine Ananda.

Soyez votre propre autorité. Ne dépendez pas des autres.

Regarder vous-même ce que vous êtes est plus important que vous reposer sur un texte ou un enseignant!

N'êtes-vous pas Douglas Harding?

Oui. J'étudie le Zen pour mon livre sur les religions du monde.

Le Zen cherche l'illumination en utilisant des 'koans' – des devinettes comme « Parle sans utiliser ta langue ». Cela semble absurde.

Regardez simplement! Remarquez que vous ne pouvez pas voir votre langue. Vos mots sortent du Vide, du Silence.

Ne dois-je pas me purifier avant de pouvoir voir ma nature de Bouddha?

Non! Comme l'a dit le Maître Zen Ummon, « Soyez illuminé d'abord, occupez-vous de votre mauvais karma après! »

Mais j'ai beaucoup de défauts.

Nous en avons tous mais ils sont périphériques, pas centraux. Ils n'obscurcissent pas votre Véritable Nature.

Ça semble trop facile!

Voir votre nature de Bouddha est facile. Vivre selon elle est le défi.

Je dois certainement cultiver des qualités spéciales.

Arrose la Racine et la fleur prendra soin d'elle-même.

Il faut que je pense à cela.

Ne pense pas, regarde!

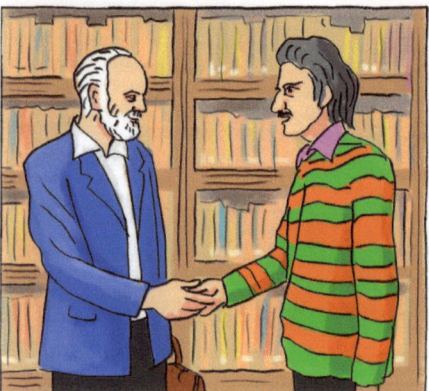

JUDAISME ET MYSTICISME

Tu es l'âme de mon âme.
Solomon ibn Gabirol

Bien que le judaïsme place Dieu 'dehors', exhortant son peuple à marcher dans la justice, il Le trouve aussi 'au-dedans'.

Harding à l'appareil. Puis je parler à mon éditeur?

Il n'est pas là? J'ai appelé plusieurs fois.

Je dois rappeler demain encore...

Frustrant!

Les autres prennent pouvoir sur vous si votre volonté est différente de celle de Dieu.

Rabbi Nachman

Quand les choses ne vont pas comme je le veux, je me sens impuissant, à la merci des autres. La vie n'est pas juste.

Mais ne pas parler à mon éditeur est sans doute ce que Dieu veut pour moi. Ce n'est pas ce que *je* veux, mais ce que veut **l'UN**.

Mais je suis l'UN ici, ainsi tout vient de moi, tout est ma volonté. Ce qui arrive est donc ce que *je* veux réellement. Il n'y a personne en-dehors du Soi pour s'opposer à ma volonté.

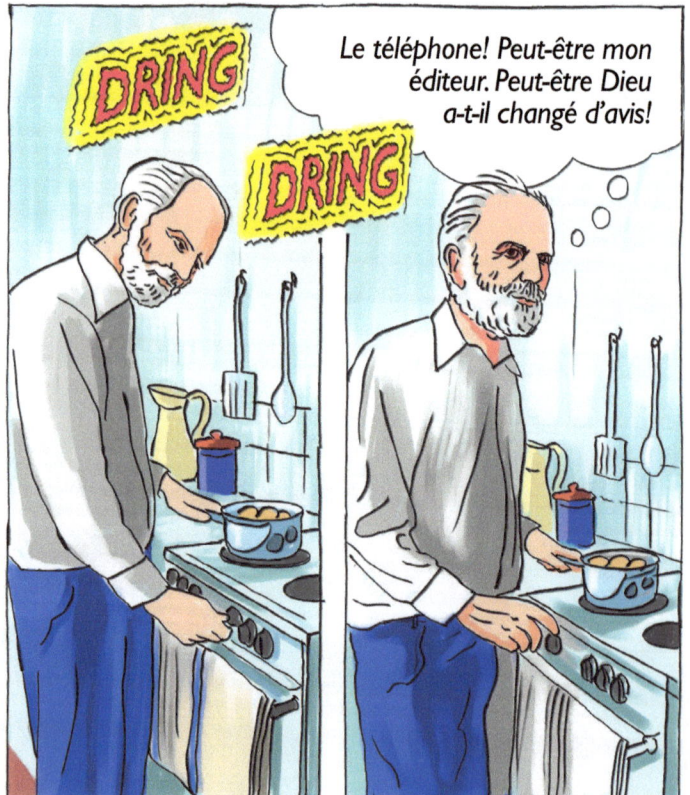

DRING

DRING

Le téléphone! Peut-être mon éditeur. Peut-être Dieu a-t-il changé d'avis!

92

Oui? Vous vous appelez Martin. Vous venez de découvrir la Vision Sans Tête?

Je serai à Londres la semaine prochaine. Rencontrons-nous.

J'allais souvent à la Cathédrale Westminster quand j'étais jeune.

Quand Jésus disait , «Moi et Mon Père sommes UN», il voyait qu'il était Dieu, tout comme nous voyons cette réalité maintenant.

Mais quand vous dites que vous êtes Dieu, ce n'est pas Douglas qui est Dieu, n'est-ce pas?

Non, et je suis sûr que Jésus ne voulait pas dire que lui, l'homme, était Dieu.

Jésus parlait de sa Réalité intérieure, pas de son apparence extérieure. J'ai une idée non-orthodoxe de Jésus.

Jésus parlait aussi d'amour – « Aime ton prochain comme toi-même. »

93

Parce qu'il voyait que son prochain était lui-même.

Quand je vois que je suis vide ici,

je meurs à moi-même et renais en tant que vous.

Je disparais en votre faveur et deviens vous. C'est « donner sa vie pour son ami. »

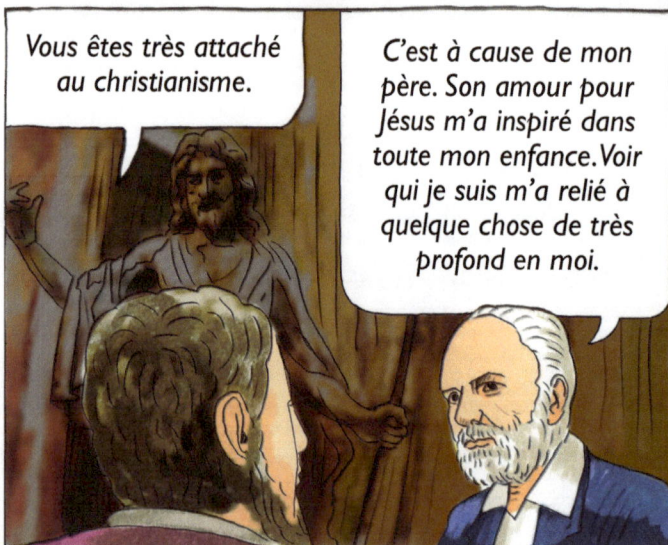

Vous êtes très attaché au christianisme.

C'est à cause de mon père. Son amour pour Jésus m'a inspiré dans toute mon enfance. Voir qui je suis m'a relié à quelque chose de très profond en moi.

Merci de me montrer la Vérité.

Revenez. Vous rencontrerez des amis très attachés à cette Voie.

Rumi était un Soufi, un mystique islamique. Il était une grand poète

et un dervish tourneur.

Dieu est plus proche d'un homme que sa veine jugulaire.
Le Coran

Autour de mon centre immobile la terre et les cieux tournent.

Je n'existe pas. J'ai renoncé à moi-même. Il est tout. Il n'y a pas d'être autre que Dieu.

Le Maitre s'est abandonné au Bien-Aimé.

Comme Rumi, je suis immobile.
Le monde danse en moi.

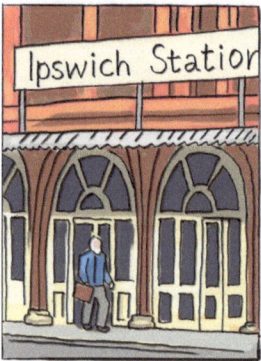

Dire 'oui' à cette Ouverture, c'est s'abandonner à la Réalité.

Voir que je suis vide de moi-même c'est voir que je suis remplacé par Dieu.

Je n'ai pas d'existence en dehors de Dieu. Seul Dieu est conscient. Seul Dieu est.

Les Religions du Monde fut publié en 1966 et utilisé dans les écoles.

A Liberal Studies Book

RELIGIONS OF THE WORLD

D.E.Harding

Heinemann

J'ai lu votre dernier livre. Finalement vous réconciliez la religion et la science.

Ce que la science me dit sur moi-même – corps et esprit, à tous les niveaux – est une révélation religieuse.

En votre centre physique ici, vous êtes aussi au coeur vivant de toutes les religions.

Chaque religion met en lumière un aspect important de la Réalité – de **votre** Réalité.

HINDOUISME	– Unité
BOUDDHISME	– Attention
JUDAISME	– Justice
CHRISTIANISME	– L'amour don-de-soi
ISLAM	– Abandon

Les grandes religions du monde sont un tout vivant. Elles sont les branches d'un arbre unique.

Ce sont des voix différentes mais complémentaires, émises par l'UN qui est au-delà des mots, des images, et pourtant plus proche de vous que votre souffle.

Vous semblez parler d'expérience, pas seulement d'idées. Comment pouvons-nous faire l'expérience de l'UN?

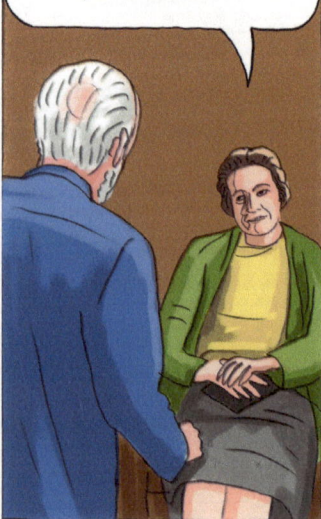

Remarquez que vous ne pouvez pas voir votre visage. Vous regardez à partir de ce que le Zen appelle votre 'Visage Originel'. Ce visage sans forme est qui vous êtes réellement.

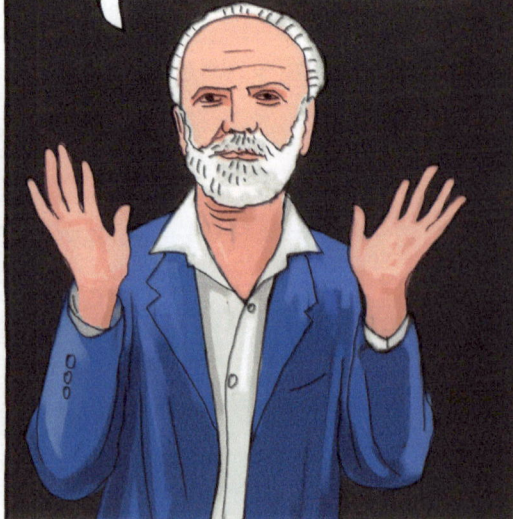

Comme c'est simple! Et vrai!

1er Mai 1966

Retraité à 57 ans, Douglas! Savourez votre liberté!

Maintenant je peux passer encore plus de temps sur l'oeuvre de ma vie.

Douglas et Beryl menaient des vies de plus en plus séparées.

J'ai des visites ce weekend.

Je ne veux pas les rencontrer, Douglas. La Vision ne m'intéresse pas.

Une communauté se forma à mesure que Douglas trouvait des moyens plus simples de partager.

Je ne vois pas qui je suis.

Ce châle d'Inde peur vous aider.

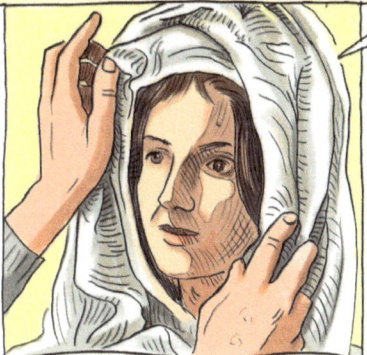

Que voyez-vous dedans?

Rien. Excepté le monde!

C'est cela: vous y êtes!

Douglas, de quoi parle ce livre?

C'est quelque chose que je devais mettre au clair, mais vous n'avez pas besoin de le lire. Simplement regardez là.

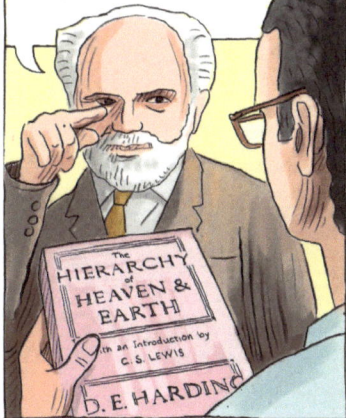

Je ne crois pas que les gens ne puissent pas Voir. Mais en apprécier la valeur, c'est autre chose.

Douglas parla dans un club de jeunes femmes local.

Je comprends ce que vous voulez dire, Douglas.

Je le vois bien, Anne. Venez nous voir à Under Shollond.

Douglas explora les implications psychologiques de la Vision.

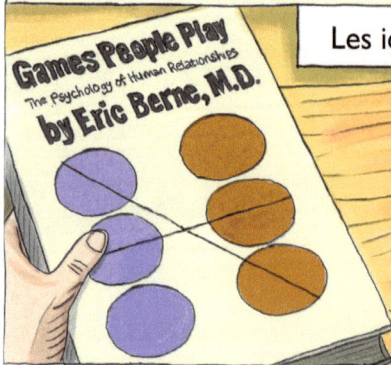

Les idées de Berne l'inspirèrent.

A la base de tous les jeux psychologiques il y a un jeu principal — prétendre que vous vivez derrière un visage.

Imaginant un visage ici, je joue un rôle. Je joue le Jeu du Visage.

Le jeu consiste à croire que je suis derrière mon visage ici et vous derrière le vôtre là-bas.

Ce qui nous fait nous sentir séparé des autres, isolé et seul.

Voir que je suis sans visage, c'est abandonner ce jeu, cette comédie.

Je re-découvre le vrai 'moi' qui est espace d'accueil pour vous!

Cesser de jouer le Jeu du Visage conduit à la véritable intimité!

Douglas envoya son article à Berne à San Francisco.

« L'illumination c'est cesser de jouer le jeu d'être une personne. » Nous le publierons.

Avril 1967

LE JEU DU VISAGE
L'ANALYSE TRANSACTIONNELLE APPLIQUEE AU ZEN
D. E. Harding

L'Ecole d'Eté de la Société Bouddhiste

Douglas se faisait de plus en plus d'amis et donnait de plus en plus de conférences.

Quelle différence avec ces années passées tout seul.

Nottingham

Doncaster

Bristol

A York Douglas rencontra Mike Heron du groupe The Incredible String Band.

Bienvenue!

C'est vrai!

Dans ce sous-sol, il y a un homme sans tête!

Pourquoi appeler votre chanson 'Douglas **Traherne** Harding'?

J'ai utilisé certains mots de Traherne dans les paroles.

THOMAS TRAHERNE
1637-1674

CENTURIES

Pour Mike
avec amour
Papa

Douglas, nous jouons à l'Albert Hall. Je vous en prie, venez.

J'aimerais beaucoup.

Juin 29, 1968

Quand je suis né je n'avais pas de tête.

Mon oeil était unique et mon corps plein de lumière.

Et la lumière que j'étais était la lumière avec laquelle je voyais.

Cher Douglas,
dans les coulisses aux concerts partout, je rencontre des êtres brillants qui vous ont vu ou entendu, ou vous ont rencontré dans les pages de votre beau livre. Cela me rappelle quelle chaude affection j'ai pour vous.
Avec vous dans l'amour,

Mike Heron

101

Etes-vous face-à-face ou face-à-espace avec les autres?

Octobre 1968.
Une école de filles locale.

Je vous ai entendu parler à mon école. Je suis terriblement timide. Je me sens suicidaire. J'ai besoin d'aide.

Rencontrons-nous sur le parking de l'école.

Je hais mon visage. J'ai besoin de chirurgie esthétique.

Moi aussi j'étais douloureusement timide, comme vous.

Ca a complètement disparu parce que maintenant je vois où est mon visage – là dehors, dans les autres et dans le miroir, pas ici.

Vous êtes construite ouverte.

Votre visage n'est pas votre problème. Il appartient aux autres.

Un an plus tard.

Cher Douglas Harding,
....
Tout ce que vous m'avez dit a fait sur moi une impression profonde et durable et a changé radicalement mon attitude envers moi-même et envers les autres.

Douglas était de plus en plus connu dans le monde bouddhiste.

Bienvenue à Under Shollond, Alan.

Voici un exemplaire de mon livre, Douglas.

Je veux comprendre la vision sans tête.

Il ne s'agit pas de comprendre, Alan, mais de voir.

Le lendemain matin.

J'ai fait un rêve. La tête de chaque personne était remplacée par La Lumière.

Non, Alan, les autres gardent leur tête. C'est seulement vous, la 1ère Personne, qui êtes sans tête...

Je rencontre Eric Berne à San Francisco.

Venez donner une causerie sur ma péniche à Sausalito.

Comme le dit le Sutra du Coeur, «Ici la forme est le vide et le vide est la forme.»

Juin 1969

Bienvenue chez moi, Douglas.

Il n'y a pas de séparation. Je suis vous.

Douglas reçut la visite de l'enseignant Zen américain, Kapleau.

THE THREE PILLARS OF ZEN
TEACHING / PRACTICE / ENLIGHTENMENT
compiled & edited by
PHILIP KAPLEAU
foreword by HUSTON SMITH

Under Shollond est le centre spirituel de l'Angleterre!

1970. Kapleau invita Douglas à son Centre Zen en Amérique.

Bienvenue à Douglas. Il voit son Visage Originel.

Quand Douglas y retourna 2 ans plus tard, les choses furent très différentes...

Vous ne Verrez pas si vous restez assis les yeux fermés, refusant de faire les expériences!

Vous avez entendu Douglas, maintenant que l'un d'entre vous vienne ici et teste son Illumination!

Comment la vision sans tête vous aide-t-elle quand je vous tord le nez?

C'est absurde!

Vous m'empêchez de partager. Vous me brutalisez.

Vous êtes fâché contre moi, Douglas.

Oui!

Vous avez passé notre test.

Je ne suis pas ici pour être testé. Je ne suis pas ici pour jouer ces jeux stupides.

La simplicité et l'accessibilité totale de la Vision menacent sa hiérarchie et sa position au sommet.

Panel 1: 1971. Douglas alla en Amérique du nord avec un jeune ami.

Colin, nous avons un groupe à Toronto pendant tout un weekend. Plutôt que de leur **parler**, nous devons **faire des choses** avec eux.

Panel 2: Bienvenue à l'Expérience de Claremont.

Panel 3: Faut-il que les gens apportent quelque chose à l'atelier?

COUR DE RECREATION POUR ADULTES.

Un châle ou une serviette de toilette.

Panel 4: Colin va vous initier au 'Towelism' (serviettisme)

Panel 5: Disposez votre serviette comme ceci.

Panel 6: Encadre-t-elle votre visage ou le monde?

Panel 7: C'est comme un tunnel!

Panel 8: Douglas eut une idée pendant la nuit.

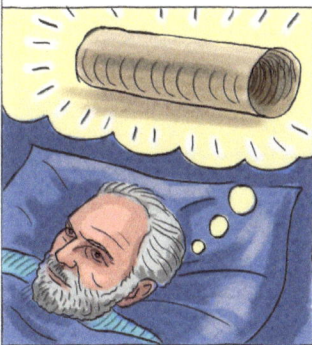

Panel 9: Un sac poubelle! Je vais en découper le fond!

Panel 10: Colin, réveille-toi.

Panel 11: Ceci montre de façon évidente que nous sommes face-à-Non-face.

On ne peut pas ne pas le voir! Je suis toi.

Panel 12: Désormais, Douglas introduisit des expériences dans ses conférences.

Panel 13: De retour en Angleterre.

Carole et moi trouvons qu'échanger les visages est la base de l'amour.

Oui. Je disparais en faveur d'Anne maintenant.

105

Voyant l'efficacité des expériences, Douglas développa rapidement son style de présentation.

Il s'agit de faire **l'expérience** de votre Véritable Nature, pas seulement d'y penser.

Désignez l'extérieur – vous voyez des choses.

Désignez l'intérieur – rien!

Pointez dans les deux directions – cet espace n'est pas simplement vide, il est aussi plein.

Vous regardez à travers deux trous, là-dehors.

Mettez-les sur vous. Maintenant vous regardez à travers un seul trou – votre Oeil Unique infini.

Pivotez. Est-ce vous qui bougez ou est-ce le monde?

Les yeux fermés, quelle est votre taille? Votre forme? Quel âge avez-vous?

Votre visage est-il sur vos épaules ou dans le miroir?

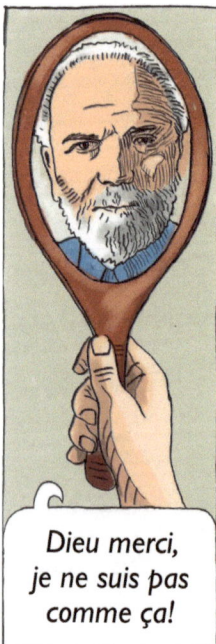

Dieu merci, je ne suis pas comme ça!

Le Temps et L'Intemporel

Là-bas les aiguilles qui bougent marquent le passage du temps. Temps et changement vont de pair.

Ici pas de mouvement, pas de changement, pas de temps. Nous regardons dans le temps à partir de l'Intemporel.

Douglas développa aussi des expériences de groupes…

106

L'Experience L'Inclassifiable

Je vais coller une pastille sur votre front sans que vous puissiez en voir la couleur.

Voici les règles: interdit de parler, de regarder dans un miroir ou de toucher la pastille.

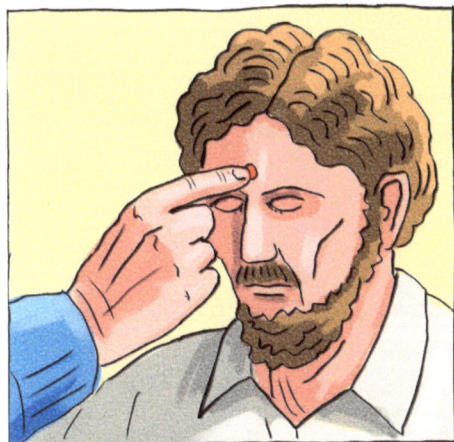

Je compte et quand j'arrive à 5, tous les verts doivent être ici, tous les rouges là, les bleus ici et les jaunes là…

VERT ROUGE

1, 2, 3, 4, 5. Allez-y!

VERT ROUGE

108

J'ai bougé parce que vous nous avez dit de le faire. Si je n'avais pas bougé je n'aurais rien appris.

Rester immobile supprimerait le jeu, et s'il n'y a pas de jeu, pas de 'fun'.

Nous devons participer si nous voulons apprendre et avoir des aventures — pas seulement dans ce jeu mais dans la vie également.

Je suis daltonienne. Je réalise que je vous ai mis dans le mauvais groupe.

Je vous ai fait confiance!

Les autres nous disent qui nous sommes. Même s'ils ne sont pas totalement fiables, pour vivre en société il faut faire confiance aux autres.

Je me suis sentie abandonnée jusqu'à ce que quelqu'un m'accueille dans un groupe.

Nous avons tous un grand besoin de faire partie.

Je n'aime pas être étiquetése. C'est restreignant.

Notre résistance est compréhensible!

Bien sûr! Mon absence de visage! Je n'ai pas besoin des autres pour confirmer cela.

Ma Véritable Nature est évidente. C'est la seule chose dont je sois sûr.

Comment la vision de cet Espace peut-elle changer notre vie?

Cet Espace n'est ni masculin ni féminin, chrétien ou musulman. Ici nous ne sommes pas différents.

Oui! Je ne suis dans aucun groupe, tous les groupes sont en moi. Le monde a besoin de savoir cela!

Le tréfonds de mon être est totalement fiable. Quelle découverte!

112

Notre identité est double. En public, je suis classifiable.
Vous m'identifiez comme une personne, comme Douglas.
Je me repose sur votre impression pour me connaître moi-même.

Mais en privé je suis inclassifiable. Je n'ai pas besoin de vous pour le vérifier. Je le vois moi-même. Je suis la seule autorité qui puisse décider ce que je suis ici parce que moi seul suis ici.

S'éveiller à votre Véritable Soi c'est renaître dans une nouvelle vie. Vous n'êtes plus emprisonné dans votre apparence.

C'est la source de grande liberté,

confiance, émerveillement, joie, amour, paix...

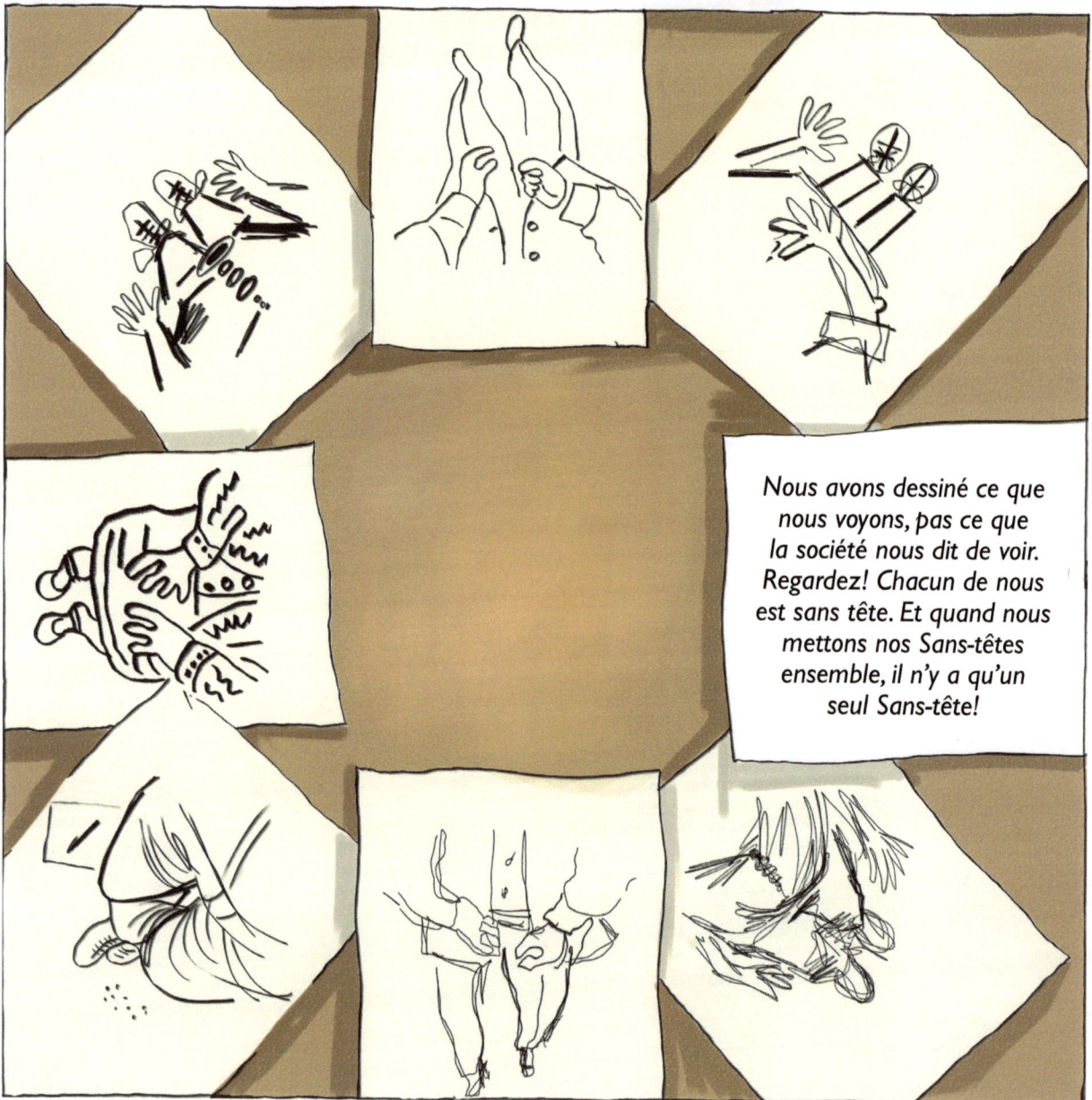

114

Le Cercle Sans Tête

Abaissez votre regard sur le cercle de corps.

Beaucoup de corps sortent d'un seul Espace!

Aucune divisions au sommet.

Il m'est poussé de nombreuses jambes!

Beaucoup de voix dans un seul Silence!

Je suis vous.

Là en-bas nous sommes beaucoup, au sommet nous sommes Un.

Nous faisons l'expérience de l'un des points de vue de cette Conscience et entendons parler des autres.

Beaucoup de points de vue à partir d'Une Seule Conscience.

Ceci est une façon d'envisager le mystère de l'Un qui est Beaucoup.

La Conscience est comme le Soleil – une Lumière, beaucoup de Rayons.

Douglas rassembla dans *La Trousse à Outils* le nombre croissant d'expériences.

Il en fit cent exemplaires et les distribua.

TOOLKIT FOR TESTING THE INCREDIBLE HYPOTHESIS

HYPOTHESE
"Il est plus proche de toi que ton souffle et plus près que tes mains et tes pieds!"

Si je suis Dieu je devrais avoir des pouvoirs divins.

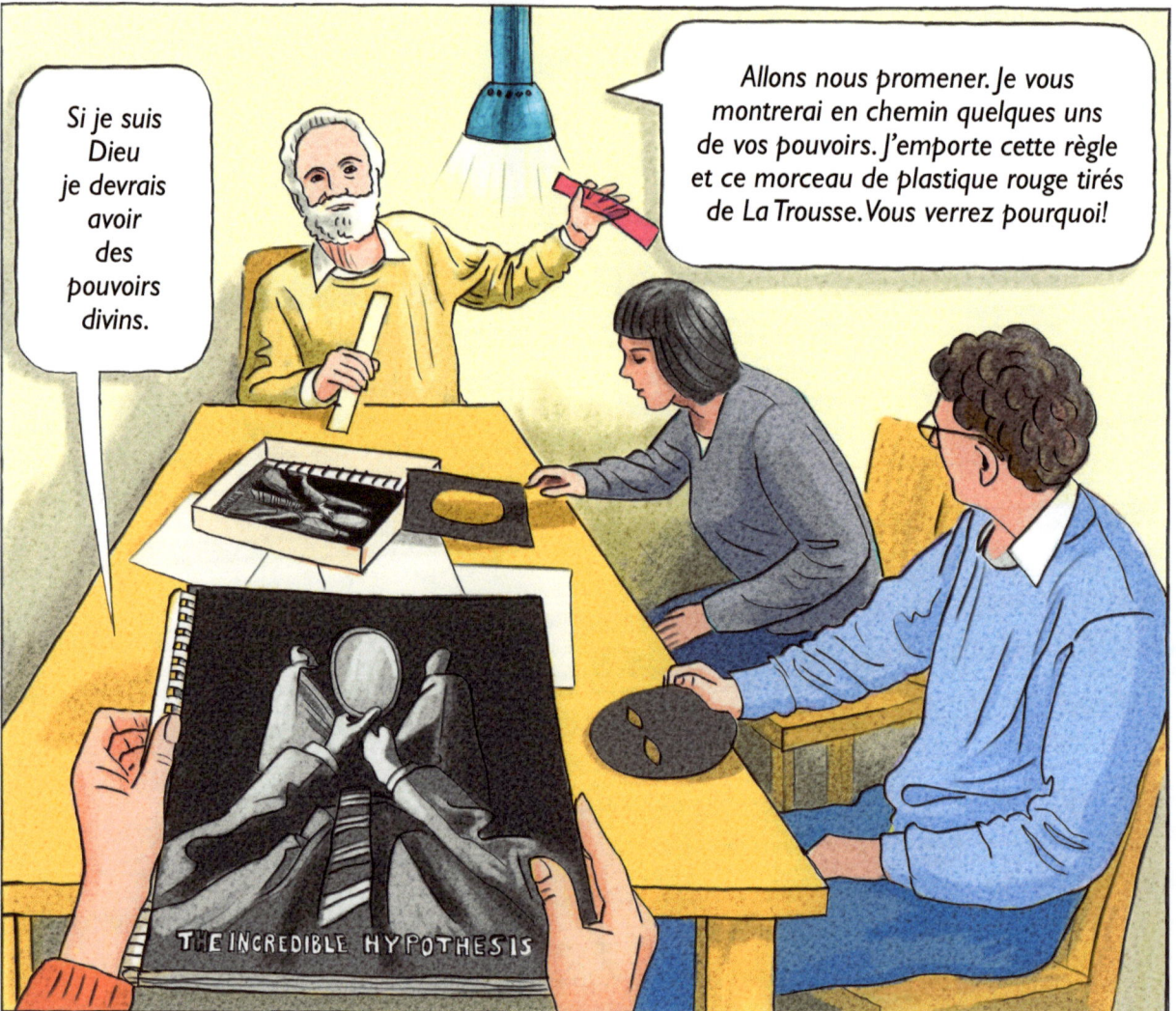

Allons nous promener. Je vous montrerai en chemin quelques uns de vos pouvoirs. J'emporte cette règle et ce morceau de plastique rouge tirés de *La Trousse*. Vous verrez pourquoi!

THE INCREDIBLE HYPOTHESIS

Abandonnant toutes idées préconçues, regardez-vous vous-même comme pour la première fois et, en toute innocence, fiez-vous à ce que vous découvrez.

Quand je ferme et rouvre les yeux, pour vous le monde ne change pas. Que se passe-t-il quand **VOUS** faites cela?

Je détruis et recrée le monde!

Voici l'un de vos pouvoirs divins. Vous en avez d'autres.

Vous me voyez en train de bouger, mais le monde reste immobile.

Et je fais tout bouger!

Vous me voyez rétrécir pour passer ce portail.

Mais le portail s'élargit pour s'adapter à moi!

Maintenant il est de nouveau plus petit.

Vous avez le pouvoir de faire grossir et rétrécir les choses.

Un hibou! Quand je le regarde, je le mets au centre du monde.

Je vois ce que vous voulez dire.

Quoi que ce soit que vous regardiez, vous l'honorez en le plaçant au centre, comme un roi honore un sujet à la cour en la plaçant devant tous les autres.

J'abaisse mon regard sur mon corps.

Maintenant je lève les yeux au ciel. Pendant tout ce temps, je reste visible pour vous.

Quand je lève les yeux au ciel, je disparais!

Maintenant je ré-apparais.

Apparaitre et disparaitre. Magie!

Que m'apportent mes pouvoirs?

Pas de bénéfices extérieurs, mais ils confirment intérieurement votre statut divin.

L'Unique en moi est grand!

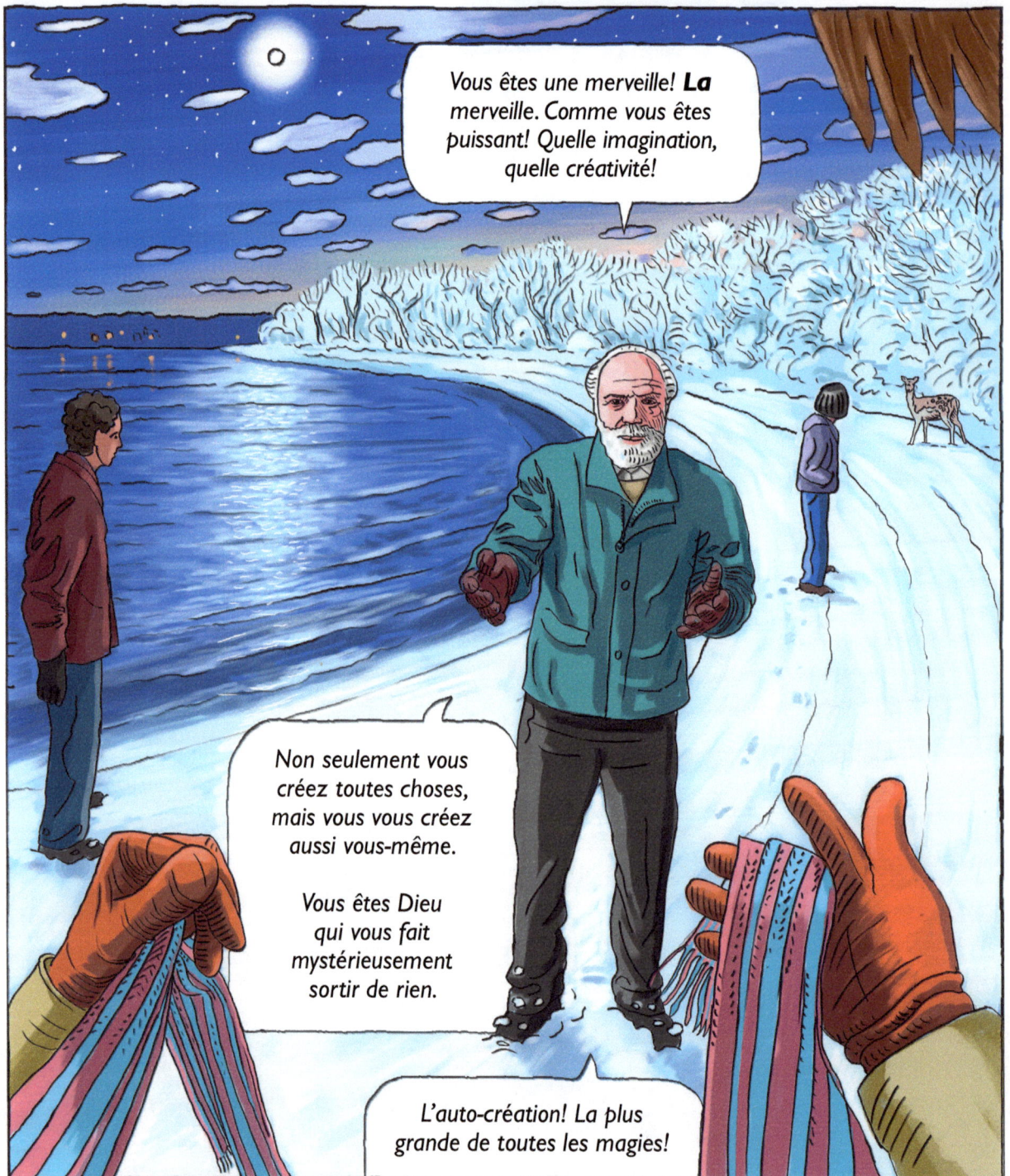

Vous êtes une merveille! **La** merveille. Comme vous êtes puissant! Quelle imagination, quelle créativité!

Non seulement vous créez toutes choses, mais vous vous créez aussi vous-même.

Vous êtes Dieu qui vous fait mystérieusement sortir de rien.

L'auto-création! La plus grande de toutes les magies!

Douglas décrit le développement personnel en quatre étapes.

1. Bébé, vous êtes sans tête, espace pour le monde.

Vous n'êtes pas celui dans le miroir.

Vous n'êtes pas conscient que les autres vous voient comme un bébé.

2. Enfant, vous apprenez à être celui dans le miroir.

Ca, c'est Dougas.

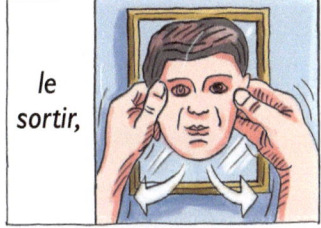

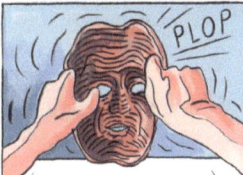

C'est toi.

'Mise en place' de votre visage. Imaginez – saisir votre visage dans le miroir,

le sortir,

PLOP

faire passer l'intérieur à l'extérieur.

L'étirer pour l'adapter.

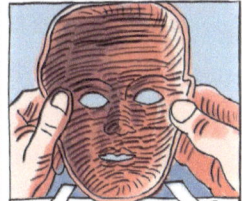

Le mettre sur vous.

Maintenant vous vous pensez comme les autres vous voient.

Bravo Douglas.

Mais souvent, enfant, on oublie de porter son visage.

3. Adulte, on porte son visage toute la journée.

Ca c'est moi.

Vous avez rétréci: vous étiez le Tout, vous êtes devenu une minuscule partie.

Pas étonnant que vous vous sentiez en danger, en prison, aliéné…

4. Celui qui voit.

Maintenant, je vis une vie à deux faces. En public, je suis une personne, en privé je suis espace d'accueil pour le monde.

Quel soulagement! A l'intérieur, sécurité, liberté, union avec le monde.

125

Certains des jeunes amis de Douglas avaient pris du LSD.

Douglas, voulez-vous essayer?

Je veux bien faire l'expérience.

Un soir...

Un chacun! ça durera toute la nuit.

Le Silence semble encore plus profond que d'habitude.

Faisons une expérience.

Tu es devenu le goblin effrayant dans la cave à charbon de mon enfance!

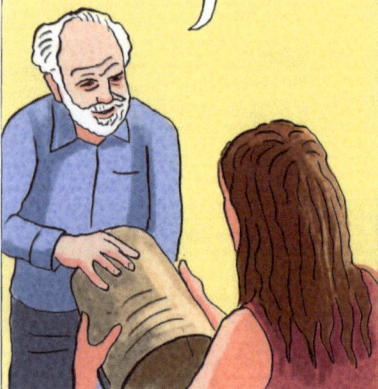

Le matin.

Je suis content d'avoir fait l'expérience, mais je ne le referai pas.

Ce fut une expérience de sommet fugitive. Notre Véritable Nature est une expérience de 'vallée'. Toute humble, oui, mais toujours ici, toujours accessible.

126

Douglas carburait à pleins tubes. Il écrivait d'autres livres et continuait de voyager.

IOW
La Science de la
ère PERSONNE

L'EVANGILE CACHE

L'EVANGILE

JEUX POUR
LE ROYAUME

Hollande | Canada

Belgique | France

Suisse | USA

épondez à ce koan
en : « Comment
uis-je avaler une
vière en une gorgée? »

New York

Eh bien la
East River est
toute proche.
Mettez-vous à
côté tourné vers
l'amont et elle
coule dans votre
Vaste Bouche…

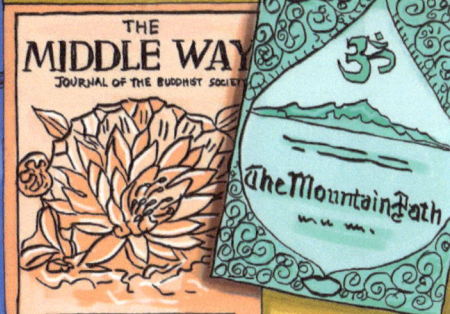

Il écrivait des articles.

THE
MIDDLE WAY
JOURNAL OF THE BUDDHIST SOCIETY

The Mountain Path

Un atelier
bouddhiste

Persée et
la Gorgone

Douglas
nseignait
ujours les
Religions
omparées,

avait des
visiteurs
presque tous
les weekends
et souvent
dans
la semaine.

1975, BBC 2
L'Histoire Intérieure

Douglas, nous commençons
à filmer dans 10
minutes.

Votre énergie et votre créativité
n'ont pas de limites!

Je
puise
dans La
Source. C'est
'unpuits qui
ne tarit jamais'.

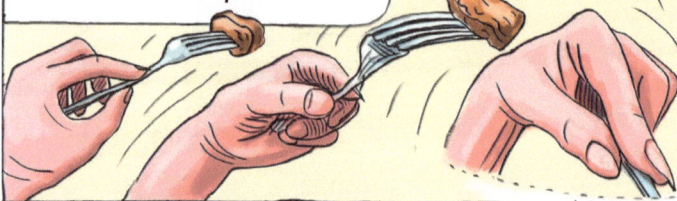

Je lance un bulletin mensuel pour notre communauté qui grandit.

J'ai dessiné un logo pour cela, Anne.

Richard, vous êtes la première personne qui lise La Hiérarchie en entier.

C'est un livre étonnant, Douglas. Il faut que le Monde le connaisse!

Je pourrais créer un modèle réduit de La Hiérarchie...

L'Univers-Vous est un modèle réduit de chacun d'entre-nous.

Les lames extérieurs représentent les couches de votre corps. A l'intérieur, ce sont les couches de votre esprit.

Commencez à enregistrer le guide audio, Douglas.

J'ai dessiné l'Univers-Vous pour m'aider à poser la plus excitante des questions : Que suis-je?

A GUIDE FOR COSMONAUTS

SIDE 1 INTRODUCTION & VANES 1 to 3 SID

! You've happened! You are 0
how you appear to others 181
what you see in the glass 292
what you feel like and need 395
We zoom in to you and find 482

Une lettre de Hal, membre de l'administration Carter.

Directeur de l'Education des Enfants surdoués

31 Août 1976

Je vous félicite pour votre incroyable créativité. Ceci est le programme d'études le plus enthousiasmant et le moins coûteux que j'ai jamais vu!

Pourquoi le Directeur de l'Éducation américain s'intéresse-t-il à l'Univers-Vous?

Hal reconnaît que c'est une représentation très nécessaire de l'ensemble du champ des connaissances.

Il place chaque sujet étudié à l'école dans un tout organique.

De plus, chaque couche est une couche de vous, une apparence de votre Centre.

Si un sujet n'est pas relié à nous, il est difficile de s'y intéresser.

Mais en un clin d'oeil, les étudiants voient que chaque sujet est relié à eux parce qu'il étudie une couche d'eux-même.

Biologie, chimie et physique étudient les couches les plus proches de soi-même.

Histoire, économie, politique, littérature... les couches moyennes.

Géologie, géographie, écologie, astronomie... les couches extérieures.

Maintenant un étudiant peut dire: « L'école me concerne! ».

Toutes les écoles devraient avoir un modèle!

131

Regardez
la sphère
au centre.
Elle reflète
l'univers!

Le centre
de toutes
les couches
contient toutes
les couches!

Douglas écrivit une histoire, une odyssée à travers les couches de l'Univers-Vous.
(G.N.Idrah est 'Harding' à l'envers.)

A TRAVERS LES COUCHES DE L'UNIVERS-VOUS
G.N. IDRAH

Je suis Ulisse. Pour la première fois j'entends un son dans le silence infini. Un chant. Qui chante? Je veux le savoir.

D'abord, il semble que le chant vienne de cette galaxie.

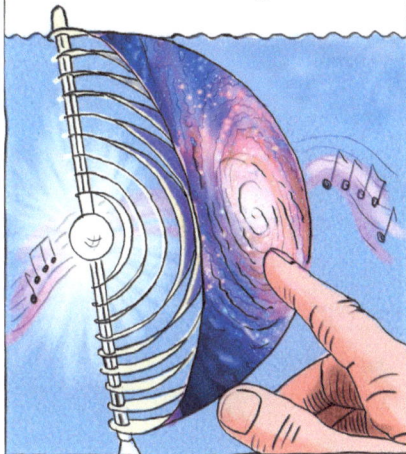

Soudain le Loup Garou apparait. Il commence à me poursuivre.

J'échappe en sautant dans la galaxie. Je découvre une étoile. Est-ce le chanteur?

Mais le Loup Garou me poursuit toujours.

Pour échapper je saute dans l'étoile, je trouve une planète: la Terre. Ce doit être le chanteur! Je veux me reposer ici, mais le Loup Garou ne me laisse pas m'arrêter. Il me chasse de nouveau.

133

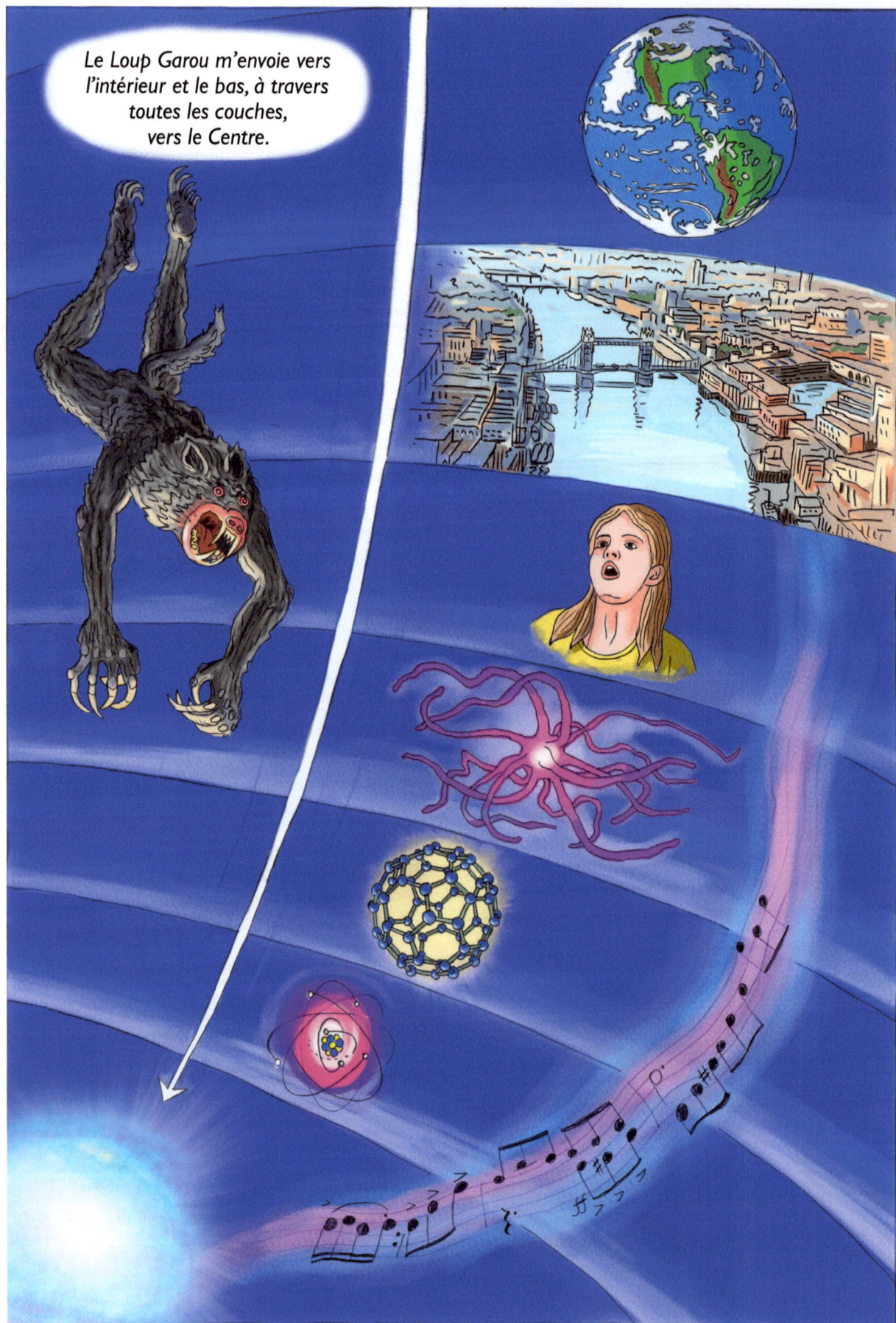

Chassé jusqu'au Centre, je deviens rien.

Enfin je découvre d'où vient le chant !

Le Vide!
Le Silence!

Je me retourne et regarde vers l'extérieur, et je vois que tout vient d'ici!

Parce que le Loup Garou ne m'a pas laissé m'arrêter avant le Centre, il est en fait mon ami.

Il est les difficultés de la vie qui me poussent vers ma demeure qui est mon Véritable Soi.

Douglas loua Under Shollond.

Voici les clefs.

Je suis un raté et un imposteur. Je ne marche pas dans mes mots. Je suis Douglas grande gueule!

Je suis indigne de la confiance que Dieu a mise en moi pour partager la Vision.

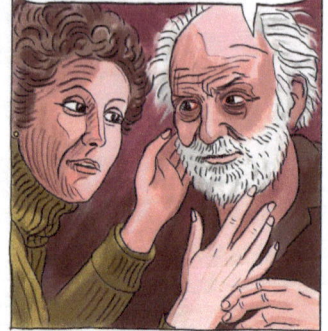

Anne, je dors à peine.

Il parle beaucoup, est euphorique puis déprimé, fait des dessins fous.

Je me sens abandonné par les hommes et par Dieu.

Le tuyau reliant le puits à la maison est bloqué.

Comme ma connexion avec La Source.

La vie m'oblige à ressentir ma nullité jusque dans mes os.

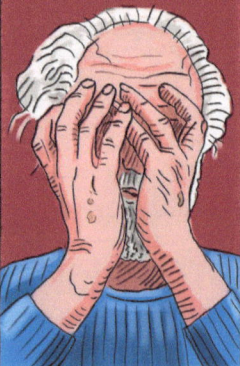

Après trois semaines.

Cette crise est-elle passée, Douglas?

Oui, Anne, bien que je me sente encore indigne.

Mais je suis davantage convaincu de la miséricorde de Dieu – puisqu'Il m'accepte avec tous mes défauts.

S'abandonner à la volonté de Dieu est la clef de tout.

Werner Erhard veut me rencontrer à Londres.

Qui est-ce?

Douglas, je suis vraiment enthousiasmé par votre travail. Je veux vous placer dans mon Tour.

Pourvu que je sois maitre de ma présent-ation.

Je voudrais participer à votre prochaine session à Londres, pour mieux comprendre EST.

Je vais arranger ça.

Il est le fondateur américain très célèbre de EST: Séminaires de Formation Erhard.

Juillet 1978

Deviens le chaos!

Un orage là-bas, la paix totale ici.

1979. EST présenta Douglas Harding dans huit villes américaines.

La Fondation est présente "The Headless Way"

Une Soirée avec Douglas Harding

San Diego, Seattle, Honolulu, Denver, Aspen, Houston, Chicago, Philadelphia.

L'Etui à Outils Jaune conçu par Douglas était distribué à chaque participant.

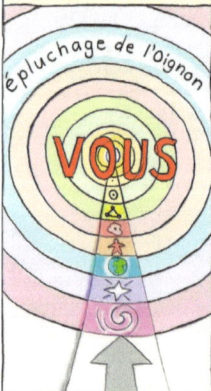

épluchage de l'oignon

VOUS

Denver

Douglas est l'un des premiers philosophes occidentaux à dire que l'Illumination est instantanée.

Deux mille participants et je ne me sens pas du tout intimidé.

De retour en Angleterre.

Presque personne ne vous a contacté après le tour.

C'est décevant. Mais la Vision ne colle pas aux gens.

De toute façon ce n'est pas une question de nombres. Il n'y a que l'Un.

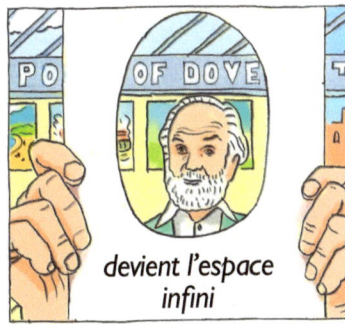

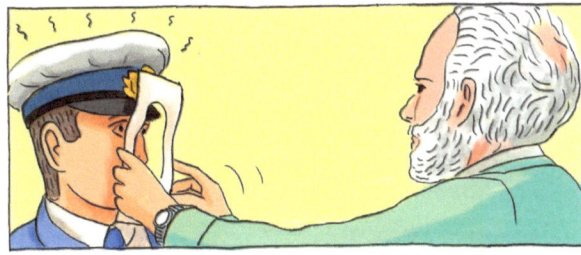

Nous enregistrerons ce weekend, Douglas.

J'appellerai le film Vivre Sans Tête.

Asseyez-vous près du feu, Douglas.

Bonne idée.

Nous sommes construits pour aimer.

Nous sommes espace d'accueil l'un pour l'autre.

Imaginez un homme noir dans une pièce remplie de blancs.

Qui a le visage noir? Pas le présumé homme noir.

Tous les blancs qui le regardent prennent sur eux sa couleur.

Votre couleur, comme votre visage, est l'affaire des autres.

C'est une solution incroyablement simple au problème de couleur et de race.

Ma nation est Espace d'Accueil pour votre nation.

Oui!

Si nos dirigeants pouvaient voir qui ils sont vraiment, cela aurait un effet profond sur le monde.

Ce n'est pas une position de faiblesse. Être espace pour l'autre c'est une position de grande puissance. C'est la sécurité incomparable.

Les Etapes de la Voie.

Mon livre Vivre Sans Tête est ré-édité. J'ai ajouté un nouveau chapitre.

Pendant un certain temps après la première vision, les bénéfices peuvent être évidents.

Mais après peut-être des années de pratique, vous réalisez que vous restez collé, comme du lierre, à votre moi séparé.

Tout mon progrès était-il factice?

Vous êtes arrivé à la Barrière – la résistance de l'ego au Soi.

Découragé, vous pouvez abandonner la Vision…

Ou vous sombrez dans la Nuit Sombre.

Le chemin pour traverser la Nuit Sombre implique l'abandon de votre volonté personnelle.

Abandonnant votre moi séparé,

vous renaissez tous les jours au Centre en tant que le JE SUIS divin.

L'abandon profond de votre volonté personnelle vous amènera à la Percée.

Désormais accepter **passivement** le moment présent devient le vouloir **activement**.

Maintenant vous dites 'oui' sans condition à tout ce qui arrive.

Profonde Déclaration d'Intention:
Mon désir est que tout soit comme c'est puisque tout vient de ma Véritable Nature.

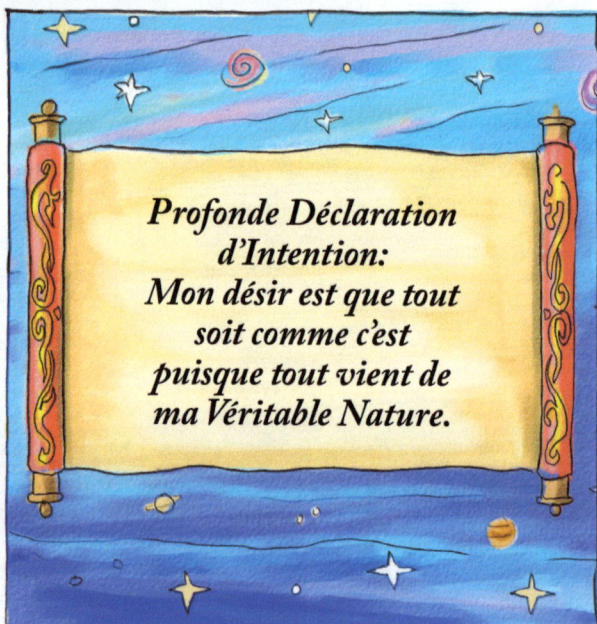

Douglas continuait d'écrire.

J'ai 77 ans, je me rapproche de la mort.

St. Paul demande: « O Mort, **où** est ton aiguillon? O Tombe, **où** est ta victoire? »

Je dis: « **Là-bas**, à peu près à 1 mètre d'ici,

pas **ici**, au centre, à zéro cm.! »

Le coeur de mon message est non-verbal.

La littérature sur la mort ne sera plus jamais la même.
Ram Dass

D.E. HARDING
LE PETIT LIVRE
DE LA VIE ET LA MORT
PREFACE DE RAM DASS

Ecrivez sur le stress, Douglas. Tout le monde en parle.

A travers vous, La Source m'a donné mon nouveau travail!

STRESS

Cessez d'ignorer le centre libre de stress à partir duquel vous vivez.

La vision a eu un profond effet sur ma tendance au stress. Les circonstances stressantes ont cessé de l'être.

D.E. HARDING
VIVRE SANS STRESS
Au-delà de la ligne de base

1988. La relation entre Douglas et Anne changea.

Je suis très reconnaissante pour tout, Douglas,

mais j'ai besoin d'espace désormais pour explorer et voir les choses par moi-même.

Je comprends, Anne. Il faut que vous suiviez votre propre chemin.

143

Douglas écrit une histoire de procès au tribunal.

Nos 27 témoins ont confirmé que vous êtes humain, pas divin.

C'est parce que vous me regardez moi.

Vous êtes accusé du crime capital de blasphème.

Ici dans ce tribunal, nous pouvons tous voir que vous êtes un homme.

Si vous vous regardez **vous-mêmes** vous verrez ce que moi je vois.

Je ne suis pas un homme et je ne suis pas dans ce tribunal – il est en moi, dans cette Conscience Unique qui illumine le monde.

Je suis cette Lumière. Pas une étincelle de ce Feu, mais le brasier lui-même, seul et éternel.

Dites-cela au bourreau, blasphémateur!

Le jury va se retirer pour donner leur verdict.

Faites de moi ce que vous voulez, je vivrai à partir de ce que je vois ici, et non à partir de ce que vous dites qui est ici. Et je le dirai au monde entier.

D.E. HARDING

LE PROCES DE L'HOMME QUI DISAIT QU'IL ETAIT DIEU

Ce livre éveille tellement l'esprit que le coeur chante.

Père Gerard Hughes

144

1991

Douglas, vous avez 82 ans et vous voyagez depuis 2 mois, vous avez des tonnes d'énergie!

Parce que je ne vais nulle part.

Je ne suis pas venu en Australie, l'Australie est venue en moi!

J'apprends que vous écrivez un autre livre.

Le Spectre Dans Le Lac – c'est Le Voyage Du Pèlerin moderne.

Le héros se dilate jusqu'à devenir tout, mais succombe à l'orgueil.

Une crise s'ensuit.

Il est interné dans un hôpital psychiatrique pour le 'normaliser'.

Pour sa rédemption le héros doit passer par une porte qui conduit dans les sombres catacombes d'un château…

Après un voyage périlleux, il renait.

Désormais il a un plus grand respect pour son moi humain, le 'spectre dans le lac',

ainsi que pour son Soi divin.

C'est l'histoire de ma vie!

C'est aussi une histoire d'amour.

En vieillissant, je réalise plus profondément que l'amour est l'essentiel.

Comme il terminait ce livre, Douglas tomba amoureux.

145

Paris, Mai 1991

Catherine, viens à l'atelier de Douglas Harding.

Les gourous ne m'intéressent pas!

Il n'est pas un gourou. Je t'y emmène.

Regardez-vous avec deux yeux, ou par un Espace sans limites?

Enfin quelqu'un qui rend **l'expérience** du Soi accessible.

Vos expériences sont fantastiques. Elles marchent!

Je vois que vous avez reçu le message! Restons en contact.

Février 1992. Douglas est de nouveau en France.

Catherine, mon traducteur m'a laissé tomber. Pouvez-vous venir?

D'accord!

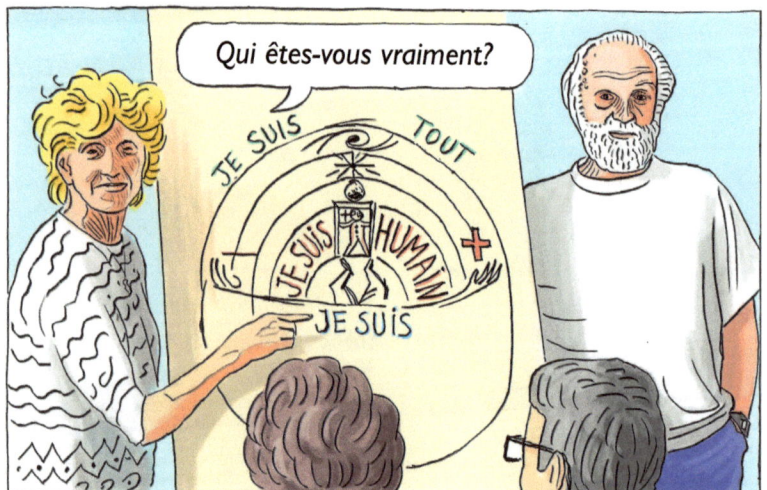

Qui êtes-vous vraiment?

Vous avez traduit brillamment.

Cela semble naturel. Deux voix, une conscience!

Je reviens en France en Août. Pouvez-vous encore m'aider?

J'aimerais beaucoup.

Octobre 1992

Ma maison est votre maison.

Mon bateau a trouvé son port.

146

Catherine et Douglas voyagèrent énormément, donnant partout des ateliers ensemble: Amérique, Canada, Japon, France… Ils se marièrent en Février 1995.

L'arrivée de Catherine a transformé votre vie, Douglas.

Nous ne sommes pas toujours d'accord.

Oui. Pour vivre plus pleinement, on a besoin d'un compagnon. J'apprends sans cesse de Catherine.

Catherine a son propre point de vue. Mais ce 'ding-dong' ce débat, est bon pour nous deux.

Si Douglas m'irrite, je reviens ici au centre et suis espace pour lui. Alors toute mon irritation se dissout et il n'y a plus de problème.

Amoureux de Catherine, le coeur de Douglas s'ouvrit davantage.

L'arrivée de Catherine dans ma vie est un cadeau du ciel, un miracle.

Nous marchons main dans la main, regardant dans la même direction.

Vers l'extérieur sur le monde, vers l'intérieur sur La Source.

Avoir une voix masculine et féminine dans un atelier c'est un bon équilibre.

Je prêche, Catherine charme!

Quel est l'objet de votre travail, Douglas?

Voir que vous n'êtes pas ce que vous paraissez être, Richard!

Les expériences sont capitales

parce qu'elles permettent à tous de voir qui nous sommes vraiment.

La société ne reconnait pas cette nouvelle, science, la science de la l ère Personne.

Étonnant, n'est-ce pas? Mais la vérité triomphera.

Mes dessins et le modèle Univers-Vous, sont aussi importants.

Ils nous ramènent également à l'Un.

Est-ce une thérapie? Qu'en est-il de l'esprit?

Où est votre esprit?

Mes pensées et mes sentiments ne sont pas dans une boite ici, séparés du monde.

Mon esprit est libre.

La vision guérit la séparation imaginaire entre le soi et le monde.

Ca c'est de la thérapie! Ca, c'est de la santé mentale!

Après 20ans de solitude dans la Vision, vous avez maintenant de nombreux amis.

C'est une bénédiction de partager avec les autres.

Cette Clarté est la seule chose que vous pouvez être sûr de partager.

Ce que je vois bleu pourrait être rouge pour vous, mais ici au Centre il n'y a rien, donc rien qui puisse différer.

Ce rien n'est pas simplement rien, n'est-ce-pas?

2003

Je vais en France pour voir mes enfants mais je ne te laisse pas seul. Tu as 94 ans! J'inviterai quelqu'un à rester avec toi.

Non! Je me débrouillerai très bien, Catherine? Va!

Tu es têtu!

Le télé-phone!

DRRRING..... DRRRING.....

DING DONG

La sonnette de la porte.

La porte est ouverte. Entrez! J'ai besoin d'aide!

Nous appelons une ambulance.

Comment as-tu supporté la douleur?

Je ne te quitterai plus jamais!

Je n'ai pas réussi à accepter la douleur, mais j'ai accepté mon incapacité à accepter!

Mes sauveteurs étaient des Témoins de Jéhovah. J'ai été sauvé par des Témoins de Jéhovah!

Il t'est poussé des roues maintenant!

Oui.

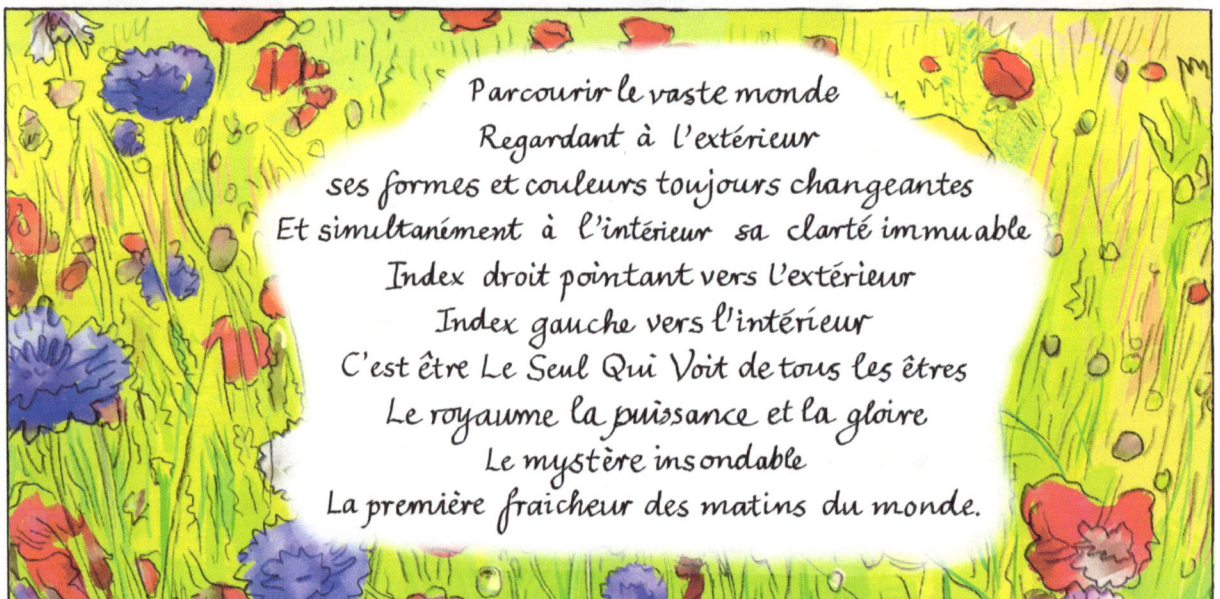

Douglas voyait de temps en temps ses enfants.

Bonjour, Père.

Lydia!

Simon! Julian!

Décembre 2006

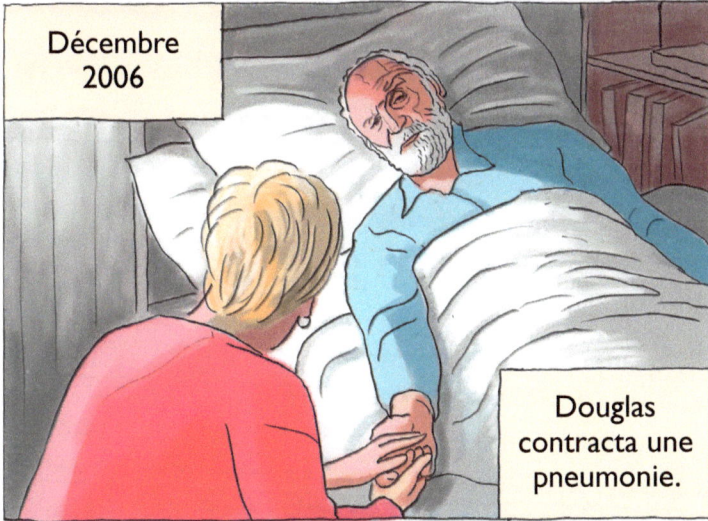

Douglas contracta une pneumonie.

Je suis avec toi, Douglas.

Tu sembles osciller de la conscience à l'inconscience, Douglas.

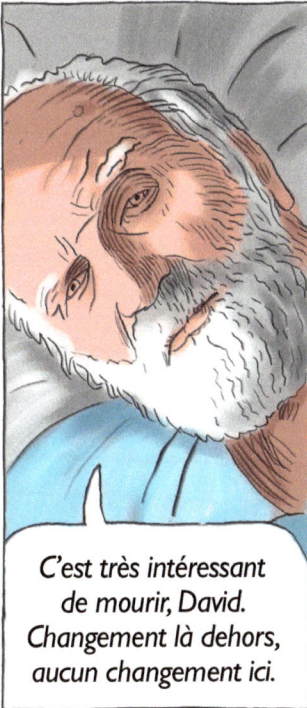

C'est très intéressant de mourir, David. Changement là dehors, aucun changement ici.

Oui, Richard.

Nous ferons tout pour que cette belle Voie, simple et directe, de retour à Soi se répande dans le monde, Douglas.

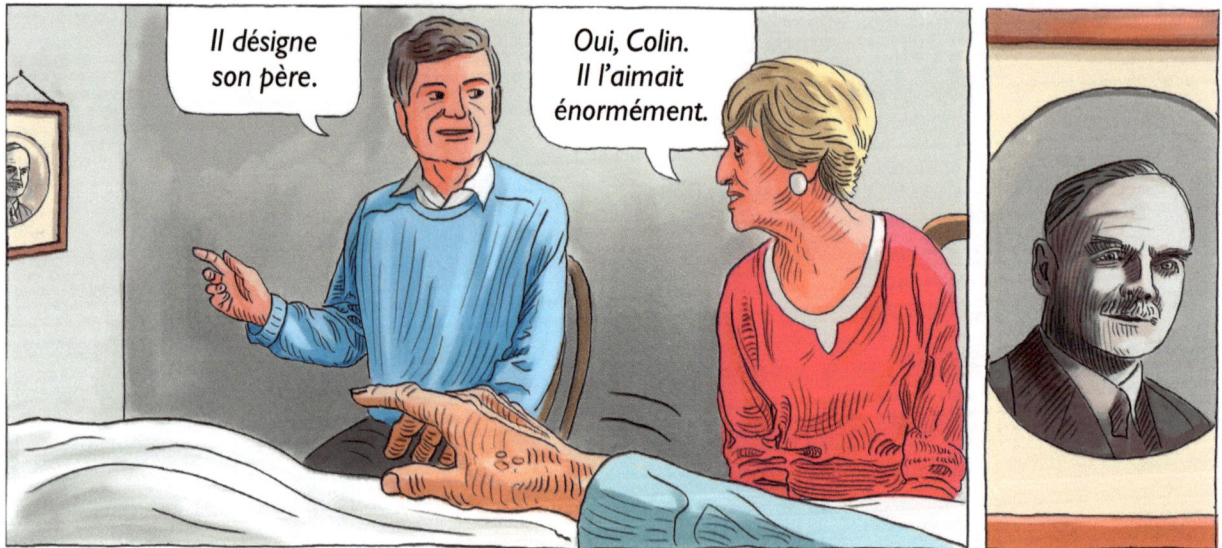

Le mystère insondable
La première fraîcheur des matins du monde.

Naissance de ce livre

En 2012 j'ai fait un film sur la vie et les idées de Douglas Harding et l'ai publié sur YouTube. Victor Lunn-Rockliffe est un artiste avec qui j'avais correspondu pendant plusieurs années. Il vit le film et suggéra que cela ferait une bonne biographie graphique. Nous échangeâmes des courriels, explorant l'idée. Je ne savais même pas ce qu'était une biographie graphique, sans parler de comment on en faisait une! Mais l'idée était enthousiasmante, donc j'ai dit oui.

J'étais chargé d'écrire le script. J'enverrais à Victor, mes idées sur chaque personnage. Il ferait alors une ébauche, puis un dessin détaillé et ensuite la version finale en couleur. C'était fascinant de voir chaque page se matérialiser, apparaissant par magie du néant! Nous fîmes tout cela par internet. En fait, je ne rencontrais Victor qu'en 2015. Avant cela, nous n'avions même pas parlé au téléphone! Tout ce que je puis dire pour notre défense, c'est que nous vivons dans des parties différentes du monde – j'habite au nord-est de Londres et Victor à l'ouest…

Mon rôle dans le projet était d'étudier la vie de Douglas, en m'appuyant non seulement sur les nombreuses conversations que j'ai eues avec lui – nous avons été amis pendant plus de 35 ans – mais aussi sur les interviews que j'ai faites de lui, et les conversations que j'ai eues avec les amis qui l'ont connu. J'ai aussi en ma possession un grand nombre de ses écrits, lettres, carnets et agendas, ainsi que beaucoup de photos de Douglas, des gens qui ont figuré dans sa vie, et des endroits où il a vécu. Nous nous sommes inspirés de tous ces documents pour créer une image de la vie de Douglas et de l'évolution de ses idées aussi fidèle que possible.

Au nom de Victor et de moi-même, je voudrais remercier les nombreux amis qui ont lu et relu nos diverses ébauches et ont partagé avec nous de si nombreux commentaires, salutaires et inspirants.

En 1996 j'ai créé le Shollond Trust, une association anglaise d'utilité publique, destinée à promouvoir largement l'accès le plus facile possible à la philosophie de Douglas Harding. Vous pouvez accéder à toutes les informations sur la Vision Sans Tête sur le site du Trust – headless.org

Richard Lang

Livres par Douglas Harding

La plupart des livres de cette liste peuvent être trouvés dans la boutique sur notre site (headless.org).

Short Stories
The Meaning and Beauty of the Artificial
How Briggs Died
The Melwold Mystery
An Unconventional Portrait of Yourself
The Hierarchy of Heaven and Earth (La Hiérarchie du Ciel & de la Terre)
Visible Gods (Des Dieux Visibles)
On Having No Head (Vivre sans Tête)
Religions of the World (Les religions du monde)
The Face Game
The Science of the 1st Person (La Science de la 1ère Personne)
The Hidden Gospel (L'Évangile caché)
Journey to the Centre of the Youniverse
The Little Book of Life and Death (Le Petit Livre de la Vie et de la Mort)
Head Off Stress (Vivre Sans Stress)
The Trial of the Man Who Said He was God (Le Procès de l'Homme qui a dit qu'il était Dieu)
Look For Yourself (La Troisieme Voie)
The Spectre in the Lake
To Be And Not To Be
The Turning Point
Just One Who Sees
As I See It

Autres publications

Face to No-Face (L'immensité intérieure) (ed. David Lang)
Seeing Who You Really Are (La vision non-duelle de Douglas Harding) (R. Lang)
Open to the Source (ed. Richard Lang)
A Flower in the Desert (David Lang)
The Light that I am (J.C. Amberchele)
Celebrating Who We Are (Célébrer qui nous sommes) (Richard Lang)
Incredible Countries (Colin Oliver)
The Freedom to Love (Karin Visser)
62 expériences de spiritualité quotidienne (José Le Roy)
The Youniverse Explorer

www.ingramcontent.com/pod-product-compliance
Lightning Source LLC
Chambersburg PA
CBHW041955100426
42812CB00018B/2658